企業のための
外国人雇用実務ガイド

在留資格取得のポイントと労務管理

行政書士
佐藤正巳

法 研

はじめに

　日本は、2005年には1億2800万人の人口がありましたが、それ以降人口は減り続けています。2013年には、少子化の表れとして、103万人しか出生数がありませんでした。その一方で、高齢化の勢いは増すばかりで、65歳以上の人口が、4人に一人の時代となりました。団塊の世代が70歳代後半に突入した場合、介護をする労働者数が圧倒的に不足するという深刻な事態も予想されています。

　東京オリンピックが、2020年に開かれることから、外国人を受け入れる国際化が、日本の大きな流れになることでしょう。すでに、オリンピックを意識した建設ラッシュが始まっていますが、現場で働ける労働者の数も圧倒的に不足しているのが事実です。

　このまま労働力人口が減り続けることは、経済成長が難しくなるということから、外国人労働者の積極的な受け入れに関し、政府でも議論されるようになりました。外国人医師が、活動できる機会を増やす施策や、世界遺産になった和食を学ぶ外国人の受け入れ、建設業への外国人労働者の受け入れ緩和、介護分野への外国人労働者の受け入れ、高度人材に対する永住権の緩和（3年）など昨年末から政府案が、数多く報道されるようになりました。実際、安倍総理は2014年4月の経済財政諮問会議と産業競争力会議の合同会議で、「外国人人材活用の仕組み」についてプランを出すように指示しました。この結果、2014年6月の「経済成長戦略」の中に外国人の活用が取り上げられることになりました。

　政府は、2020年までには、海外から受け入れる旅行者の数も2000万

人を超えることを目標に掲げています。当然、通訳のニーズも高まることでしょう。これから10年間は、入管行政が非常に大きく変貌を遂げる時代になることは間違いありません。

　日本の市場だけでは、成長できないということから、外国人社員を雇用して海外に進出を考える中小企業も増えてきました。外国でも通用するソフトウエア開発をする必要性からインドやフィリピンなどからIT技術者を招聘する事例も増えつつあります。

　ある意味、外国人労働者の増加は、日本経済の現状を映し出す鏡のような存在かもしれません。これからの時代、日本の成長戦略の一つとして、外国人の労働力活用が位置づけられていくでしょう。

　当書は、このような時代背景をふまえ、主に初めて外国人社員を雇用することを考えている企業向けに企画制作されました。そのため、東京に所在する企業のオフィスワーカーの採用をメインにした内容となっています。外国人社員を受け入れるための在留資格の取得に関連したポイントと採用後の労務管理まで、事例を多く取り入れ説明しています。

　専門家向けに書かれたものではありませんので、出来る限り易しい文書で構成しています。この本を読まれた企業の担当者の方が、外国人雇用に係る実務の上で活用していただければ幸いです。

　2014年5月

行政書士　佐藤正巳

企業のための外国人雇用実務ガイド

CONTENTS

はじめに …………………………………………………………………… 2

巻頭ページ
人事担当者がミスしてはいけない10のポイント

- **ポイント1** 外国人社員の住所の届出 ………………………………… 10
- **ポイント2** 外国人社員の家族の就労 ………………………………… 11
- **ポイント3** 犯罪歴のある外国人の雇用 ……………………………… 11
- **ポイント4** 外国人社員のアルバイト ………………………………… 12
- **ポイント5** 在留資格の理解不足 ……………………………………… 13
- **ポイント6** 日本人と離婚した外国人社員の取り扱い ……………… 13
- **ポイント7** 在留期限の管理 …………………………………………… 15
- **ポイント8** 契約文書の説明 …………………………………………… 15
- **ポイント9** 外国人の能力の把握と担当業務のマッチング ………… 16
- **ポイント10** 会社の概要の説明と外国人社員採用の必要性 ………… 17

第1章
外国人の採用実務

適正に雇用が可能かどうかを確認するには? ………………………… 20
在留資格一覧表 …………………………………………………………… 22
在留資格によって在留期間は最長5年になりました ………………… 24

●外国人採用のパターン
企業の国際化と外国人社員の採用パターン …………………………… 25

- **パターン1** 留学生の採用 ……………………………………………… 26
- **パターン2** 海外で外国人と面談して採用を決める場合 …………… 26
- **パターン3** 日本において他社で働いていた人材を受け入れる場合 … 27
- **パターン4** 身分系の在留資格を持つ外国人を採用する場合 ……… 28
- **パターン5** 短期滞在で日本に来ていた人を雇用する場合 ………… 30
- **パターン6** 海外の子会社から人材を受け入れるケース …………… 31
- **パターン7** 家族滞在として滞在する外国人を社員として採用する場合
  ……………………………………………………………… 32

●準備する書類
企業として準備すべき書類には何があるか ……………………………………33
[Column] 在留資格認定証明書とは何か? ……………………………………40

第2章
外国人の入国（在留資格と在留カード）

●在留資格
在留資格に関する基礎知識 ……………………………………………………42
[Column] 就労系の在留資格と永住権 ………………………………………45
在留資格制度の特徴 ……………………………………………………………46
[Column] 源泉徴収票の法定調書合計表とは? ………………………………49

●在留カード
在留カードとはなにか? ………………………………………………………50
在留カードの更新と再入国 ……………………………………………………54
在留カードと市区町村窓口 ……………………………………………………60
[Column] マイナンバー制度と外国人 ………………………………………62
在留カードと地方入国管理局 …………………………………………………63
企業と在留カード ………………………………………………………………65
[Column] 在留カードの対象にならない人とは? ……………………………68

第3章
外国人の入社と届出

●外国人採用の注意点
外国人を採用する際に心がけたいこと ………………………………………70
[Column] 技能実習について ……………………………………………………72
外国人を採用する際の具体的なチェックポイント …………………………73
- チェック1　前職の退職後の空白期間に注意する ……………………73
- チェック2　経歴の確認をする …………………………………………74
- チェック3　外国人の日本での目標を確認する ………………………74
- チェック4　学生時代の生活について確認する ………………………74
- チェック5　入社後どのような仕事をしてもらうのかを明らかにする
　　　　　　　　　………………………………………………………………75
- チェック6　外国人の日本語の能力を確かめる ………………………75
- チェック7　過去の職歴を確認する ……………………………………75

外国人を採用した後に注意したいこと ………………………………………76

不法就労者を雇うと会社も罰せられる …………………………………79
アルバイトなどを雇うときに注意したいこと ……………………………81
Column 外国人が困ったら「外国人相談」窓口へ ……………………84
アルバイト採用する際の在留資格別の注意点 ……………………………85
外国人の転職者を雇うときに注意したいこと ……………………………87
　◆見本1　就労資格証明書交付申請書 …………………………………89
●在留資格の申請
企業が行う在留資格申請の手続き …………………………………………90
　◆見本2　在留資格変更許可申請書①② ………………………………94
　◆見本3　在留資格認定証明書交付申請書①②③ ……………………97
　◆見本4　給与所得の源泉徴収票等の法定調書合計表………………101
　◆見本5　労働条件通知書①②…………………………………………102
　◆見本6　企業の事業計画書……………………………………………104
　◆見本7　本人の履歴書の例……………………………………………105
●在留資格認定証明書交付申請
『投資・経営』の在留資格を申請する ……………………………………106
『人文知識・国際業務』の在留資格を申請する …………………………110
ワンポイントアドバイス ワーキングホリデーの利用者の採用について
　　　　　　　　　　　　　　　　　　　　　　　　　　　　　　…112
『技能』の在留資格を申請する ……………………………………………113
Column 在留期間更新の特例とは何ですか?………………………………116
『技術』の在留資格を申請する ……………………………………………117
『企業内転勤』の在留資格を申請する ……………………………………120
ワンポイントアドバイス 入管法とは? ……………………………………123
ワンポイントアドバイス 企業の事業内容を明らかにする資料とは?…123
Column 在留資格の申請は本人でなくても行える「申請取次制度」…123
『興行』の在留資格を申請する ……………………………………………124
『特定活動』の在留資格を申請する ………………………………………126
『家族滞在』の在留資格を申請する ………………………………………128
ワンポイントアドバイス 『家族滞在』の在留資格で来た配偶者と
　　　　　　　　　　　　離婚した場合は? ……………………………129
ワンポイントアドバイス ホームページの必要性………………………130
Column 短期滞在在留資格の変更・延長…………………………………130
●在留資格の申請の事例
事例でみる就労系在留資格申請のポイント ………………………………131

事例1	音楽産業に就職を希望するイギリス人男性（28歳）	132
事例2	韓国料理のテイクアウト店の経営を希望する韓国人男性（38歳）	134
事例3	日本の専門学校で学んで商社を希望するフィリピン人女性（22歳）	136
事例4	インド人を招聘するソフトウエア企業からの申請	138
ワンポイントアドバイス	アジアの諸国とのIT資格試験の相互認証について	139
事例5	ベトナム人男性を採用する電子部品メーカーからの申請	140
事例6	韓国の大学教授の紹介で2人の採用を希望する企業	142
事例7	日本語が完璧にできるフランス人を採用する企業	144

● 高度人材ポイントの評価
高度人材ポイント評価の申請をしたい ……………………………………146

● 地位・身分による在留資格
地位または身分にもとづく在留資格 ……………………………………156
（参考資料）在留資格の変更、在留期間の更新許可のガイドライン …163

第4章
外国人を雇用する実務者Q&A

Q1	会社で働いてもらう外国人を日本に呼びたいのですが、どのような在留資格がありますか？	166
Q2	料理人として在留資格を取得するポイントは何ですか？	168
Q3	外国人を採用したいのですが、最初にチェックするポイントを教えてください	169
Q4	外国人を採用しようと考えている企業ですが、自社についてどのようなことが審査されますか？	170
Q5	中国人観光客が多い店で、中国人の通訳を雇うことはできますか？	171
Q6	個人事業主でも、外国人を雇用することができますか？	171
Q7	外国人社員が勤務外でアルバイトしたいと相談してきました	172
Q8	経済学部の4年生を雇いますが、いつから在留資格の変更ができる？	173
Q9	家族に会うために一時的に日本を離れたいという社員がいます	174

| Q10 | 設立間もない中小企業ですが、外国人を招聘することができますか? ……………………175
| Q11 | 腕の良いコックを海外から招聘したいのですが? ……………176
| Q12 | 新しい入管法で5年の在留資格が新設されましたが、どのような人がもらえますか? ………………………177
| Q13 | 企業が外国人を雇用して罪になるケースはありますか? ………177
| Q14 | 外国人と週60時間働く契約を結んだら在留資格が更新できませんでした ……………………………178
| Q15 | 日本人女性と4年前に結婚し、『人文知識・国際業務』の在留資格のままでいます。在留資格は、3年となっています。永住権の申請はできますか? ……………………179
[Column] 在留資格の運用のめやす（人文知識・国際業務の例）……180

第5章
外国人の労務管理のポイント

●外国人の労務管理
外国人の労務管理と採用時の説明のポイント ……………………182
- ポイント1 均等な待遇の必要性…………………………………182
- ポイント2 外国人労働者名簿の作成……………………………183
- ポイント3 外国人とは文書で雇用契約を結ぶ…………………184
- ポイント4 賃金に関する説明……………………………………184
- ポイント5 外国人社員の非常時払いの対応……………………185
- ポイント6 休日に関する説明……………………………………185
- ポイント7 法定労働時間、法定休憩時間に関する説明………185
- ポイント8 税金にかかる説明……………………………………186
- ポイント9 在留カードの更新……………………………………187
- ポイント10 外国人にも労災保険が適用される…………………187

外国人でも保険料を負担しなければならない
公的保険があることを教える ……………………………………188
外国人も必ず行わなくてはいけない「住民登録」 ……………191
[Column] 外国人の退職の手続きについて ………………………194
外国人社員への適用に関する主な事務手続き一覧 ……………195

おわりに …………………………………………………………………198

巻頭

人事担当者がミスしてはいけない10のポイント

人事担当者がミスしてはいけない10のポイント

　外国人社員を雇用するにあたり、企業の人事担当者が勘違いするケースや、ミスをおかしやすい10のポイントを解説します。誤った理解や判断は、在留資格の申請を行う際に、致命傷となり、採用計画が、実現不可能になるケースもありますので、注意が必要です。

ポイント1　外国人社員の住所の届出

　外国人が日本に入国し、会社で働くことになりました。しかし、その社員は、借り上げ社宅に住んでいるためか日本の法律に関する知識が乏しく、転入届を居住地の市役所に提出していませんでした。会社も借り上げ社宅に住まわせているという意識から外国人社員が転入届を出しているかどうかまったく関知していませんでした。

　このようなケースだと、入管法違反になり、次回、在留資格の更新手続きをするときに、大きな問題となります。外国人の中には、転入届を出さなくてはいけないという義務を知らない人が多いので注意が必要です。

ポイント2　外国人社員の家族の就労

外国人社員が既婚者である場合、パートナーも就労しているケースがあります。就労系の在留資格を持ち、フルタイムで働くことは問題ないのですが、『家族滞在』（128P参照）の在留資格で働いていると、週28時間までのパートタイマーとしてしか働くことはできません。このことを知らずに、フルタイムで働いてしまうと、入国管理局から在留資格を取り消される可能性もあり、貴社の社員の在留資格更新にまで悪影響が出る可能性があります。問題が起きてからでは遅いので、この点、人事担当者が状況の把握をしておくことが重要です。とくに、『家族滞在』の在留資格で配偶者が、資格外活動がないままアルバイトをすることは、厳禁だということを外国人社員本人とその家族に伝えておかなくてはなりません。フルタイムで働いていることが判明すると、ご家族の在留資格更新が認められないケースも出てきます。

ポイント3　犯罪歴のある外国人の雇用

外国人が、過去に日本で麻薬取引を行っていた場合や、暴力事件を起こしていた場合などは、その記録が残っており、入国管理局が就労系の在留資格を不許可にするケースがあります。基本的に、素行不良と思われる外国人には、就労系の在留資格を与えないという明確な方針がありますので、採用にあたり注意が必要です。人事の担当者には、採用を予定していた外

国人が、過去にオーバーステイ（不法滞在）で退去強制になった人材であるのに、まったくその事実を知らず、不許可となった事例もあります。

　あらかじめ、採用面接の際に、オーバーステイや犯罪履歴がないか確認をしておかないと、双方にとって不幸な結末になります（79P〜参照）。

ポイント4　外国人社員のアルバイト

　外国人社員が、より収入を増やしたいということから、アルバイトをすることがあります。例えば、『技術』の在留資格を持った外国人が、仕事のない日に大学で非常勤講師をするような場合は、資格外活動許可を得てから、働くことになります。『人文知識・国際業務』の在留資格を持っている外国人が、会社の就業時間外に、英語の教師として語学学校でアルバイトをするようなケースも認められます。

　ただし、ホワイトカラーの在留資格である『人文知識・国際業務』、『技術』、『企業内転勤』の在留資格を持つような外国人社員が、アルバイトで、レストランのウエイターとして働くことやスナックの接客業務を行うようなことは、原則として認められていません。この点、人事担当者が、確認を怠ると、本業についても在留資格を取り消され、あるいは、在留資格更新の許可がでないという事態に陥ります（81P〜参照）。

ポイント5　在留資格の理解不足

　人事担当者が、在留資格について正しい知識を持っていないと、働くことを認められている在留資格を有する外国人が、その在留資格で認められた範囲を超えて仕事をするということを容認してしまうケースがあります。

　例えば、『教育』という在留資格がある外国人については、中学校や高校の教師として契約を元に就労が認められているので、資格外活動許可も取らずに企業で、広報やマーケティングの仕事をすることは出来ないのです。もし、コックさんなどにしか認められていない『技能』の在留資格の人が、普通の会社で事務員として働いているようなケースがあったとすれば、それは、明らかな入管法違反です。何らかの在留資格をもっていれば、日本で働けるというものではないのです。

ポイント6　日本人と離婚した外国人社員の取り扱い

　日本人と結婚をした外国人に関しては、『日本人の配偶者等』（162P参照）の在留資格を取得しているのが、通常のパターンです。ところが、不仲になり、離婚してしまうケースも少なくありません。この場合、日本人との婚姻期間が、実態を伴い3年以上継続したようなケースであると、外国人の在留資格が、『日本人の配偶者』から『定住者』（156P参照）へと変更が認められる場合があります。あるいは、その外国人が、大学卒業かそれに準じるレベルであれば、就労系の在留資格へ変更することが出来ます。

ところが、婚姻期間、学卒要件のどちらにも当てはまらないようなケースだと、在留資格の更新や変更が、不許可になり、その外国人は、国に帰らなくてはなりません。在留資格の更新の不許可通知が入国管理局から外国人に渡された日に、その外国人社員を即時解雇しなければいけません。

　なぜなら、身分系の『日本人の配偶者等』が、認められなかったために、就労できるという活動に完全な制限がでてしまいます。この場合、就労できない内容の指定書がついた『特定活動』(126P～参照) に在留資格が変更され、従来の在留カードは無効になってしまいます。それに加え、職権で、入国管理局から各市区町村に連絡が入り、即日住民票が抹消されてしまいます。その外国人は、1カ月以内に日本から出国しなければならなくなり、不許可通知が渡された後、もし就労が見つかれば入管法違反で、厳しい罰則が待っています。帰国準備という内容のことしか出来ないのです。

　この不許可通知は、突然、入国管理局から呼び出しがあり、入国審査官と面談したその日に渡されてしまいますので、企業の担当者も、外国人社員が日本人の配偶者と離婚した場合、最悪のケースでは、会社で就労できなくなるという覚悟をもつべきでしょう。

　この事実を外国人が隠し、出国命令の1カ月以内に帰国しないで従来就労していた企業に働き続けたりすると大問題です、企業がオーバーステイの外国人を雇用していることになり、罪を問われることになります。

ポイント7　在留期限の管理

　外国人社員で、有効に働く権利を有する人については、基本的に在留カードがあるはずです。この在留カードには、有効期限があり、この期限の3カ月前から更新の申請ができるようになります。永住権を持つ外国人についても、カードには7年後の在留カードの有効期限が明示されています。外国人社員の場合、海外へ出張等で行くケースも想定されますので、どのタイミングで、継続的に雇用する外国人の更新手続きをするのか把握しておくことが求められます。企業の長期出張命令のため、更新手続きができず在留カードが失効してしまうという危険性もあるのです。

　期限までに帰って来られないと、在留資格を一度失うこととなり、ゼロからまたその外国人社員の在留資格の取得手続きをしなければならないという事態になります。

　入国管理局への申請のために、企業の人事労務担当者は、外国人社員管理専用のファイルを用意して、個人別に管理しておくなどの配慮が求められます。残業や休日、有給休暇などについては、本人が理解できるよう入社時に説明しておきましょう。

ポイント8　契約文書の説明

　外国人を雇用する場合には、労働条件通知書を渡すのが、通常のパターンですが、外国人が日本語を読めない場合があります。その場合は、その外国人の母国語や英語に翻訳したものを用意し、本人に内容を解説しておくことが重要です。労働条件について、お互いが違った認識でいると、後にトラブルの原因になります。在留資格取得との関係から、もし在留資格

の取得が不許可になってしまった場合には、採用そのものが取り消しになる旨は、文章にして明示することが求められます。

とくに、労働時間や残業の割増賃金に関する取り扱いは、トラブルの起きやすい分野なので、文章にして丁寧に説明をすることが求められます。

ポイント9　外国人の能力の把握と担当業務のマッチング

外国人社員を採用するに当たり、外国人に対して、企業として面接をしたり、書類選考をしたりします。このときに重要なことは、その外国人が、どのような学問を勉強してきて、その知識が自社においてどのように活かすことが可能か、判断をすることです。

日本語中級というように、外国人が履歴書に記載している場合、どのようにして今まで日本語を勉強してきたのか、日本語検定は受けているのかなどを確認します。あわせて、日本語能力を証明する認定証のコピーを確認します。

日本の企業で働く場合は、日本語の能力が求められることが一般的なので、実際に会話等を通じて、どの程度業務に対応できる人材なのかを見極めるようにしてください。

さらに、その外国人社員が、どのような分野について勉強してきて、その学生時代の知識が、御社にとってどのように活用されるものなのか、入国管理局に説明をすることを前提に、まとめあげていくことが重要です。

外国人の能力と担当することとなる業務内容が、ある程度関連性があるということが、許可を得るためのポイントです。そのことを何も考えず、とりあえず、アメリカ人やカナダ人なら誰でもいいというような考え方だと、いい結果は期待できません。

　ある中小企業の失敗例で、専門学校のピアノ学科を東京都内で卒業したイギリス人に、ピアノを会社で演奏させると書いて不許可になった事例があります。このケースにおいては、外国人が、日本語堪能で、英語に翻訳する力もあったので、社長の代わりに、海外の音楽制作のプロダクションと交渉して、録音をした曲を、日本に輸入するという実務を担当するというものでした。ところが、日本側の音楽プロダクションの社長は、外国人の専攻がピアノだから、会社でピアノを弾かせるとでも書けばいいと勘違いして申請書類を作成し、入国管理局から不許可をもらうことになりました。その後、当事務所で業務を担当し、正しい業務内容を詳細に説明し、再申請をして、無事許可を得ることができました。

ポイント10　会社の概要の説明と外国人社員採用の必要性

　外国人を採用することを経営方針として決めた企業であれば、その背景にあるのはどのような理由なのか説明をする必要があります。

実際、中小企業の場合、知名度がないことから何を専門にする企業なのか、あるいは、本業とは違う新規事業を立ち上げた場合は、その詳細な内容について説明を求められます。企業の担当者として、自社がどのような企業で、何を目的に企業活動を展開しているのか、経営計画の中で、どのように外国人の人材を活用していくのかについて的確に伝えていかないと、入国管理局の審査官も申請された内容を正しく理解をすることがでません。

　とくに、新規に生まれたベンチャー企業の場合、業種そのものが新しく、何をどこに売ることにより収益を得ることのできる会社なのかイメージできない場合があります。例えば、スマートフォン向けのアプリを制作する企業と記述しても、なぜその企業に外国人が求められるのか説明ができないケースがあります。外国人社員を採用することにより、その事業展開がどう変わるのか、どのようなメリットがあるのかについても説明が必要です。

　さらに、どのような業務を具体的に担当してもらうことになるのか、その業務を遂行するためには、コンピュータの知識や語学力などどのような専門知識が必要となるのかについて文書で詳細に説明をします。

　入国管理局は、企業の安定性と継続性というテーマを重視します。創業間もない企業の場合は、自社が可能性の高いマーケットを相手に、どのようなサービスあるいは、商品を販売することにより、今後、安定的、継続的に企業として成長ができるという視点から申請書類をまとめあげることがポイントです。

第1章
外国人の採用実務

●適正に雇用可能かどうか確認するには？

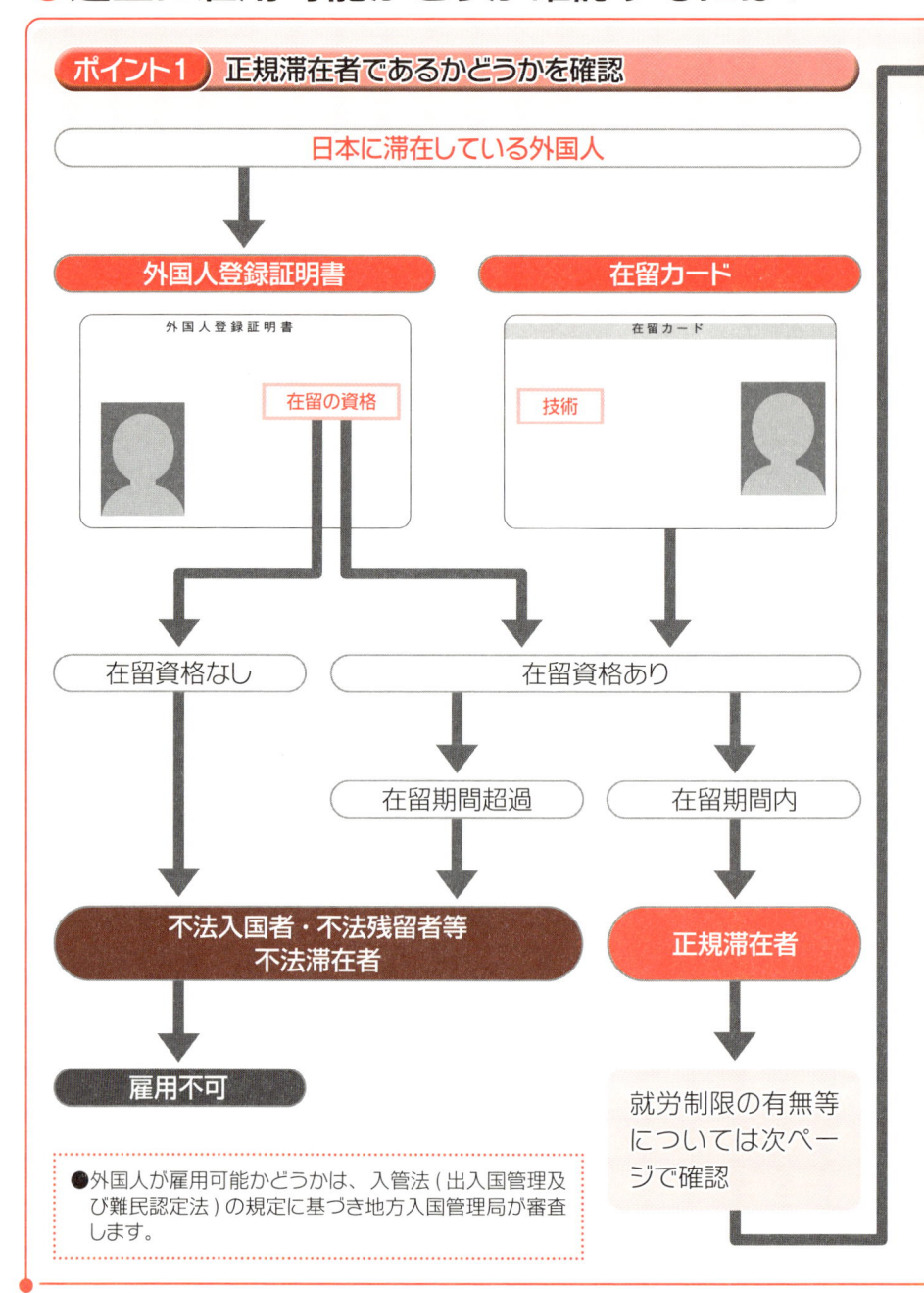

ポイント1 正規滞在者であるかどうかを確認

日本に滞在している外国人

- 外国人登録証明書（在留の資格）
- 在留カード（技術）

→ 在留資格なし → 不法入国者・不法残留者等 不法滞在者 → 雇用不可

→ 在留資格あり
  - 在留期間超過 → 不法入国者・不法残留者等 不法滞在者 → 雇用不可
  - 在留期間内 → 正規滞在者 → 就労制限の有無等については次ページで確認

●外国人が雇用可能かどうかは、入管法(出入国管理及び難民認定法)の規定に基づき地方入国管理局が審査します。

ポイント2　就労制限の有無について確認

就労制限のない在留資格

- 永住者
- 日本人の配偶者等
- 永住者の配偶者等
- 定住者

→ **雇用OK**

就労制限のある在留資格

- 外交　○公用　○教授
- 芸術　○宗教　○報道
- 投資・経営
- 法律・会計業務
- 医療　○研究　○教育
- 技術　○企業内転勤
- 人文知識・国際業務
- 興行　○技能
- 技能実習※

※技能実習については、指定書記載機関での在留資格に基づく就労活動のみ可

- 在留資格で認められている就労活動の場合 → **雇用OK**
- 資格外活動許可あり → **資格外活動許可で定められている条件の範囲内に限り雇用OK**
- 在留資格で認められていない就労活動の場合／資格外活動許可なし → **雇用不可**

原則就労不可の在留資格

- 文化活動
- 家族滞在
- 短期滞在
- 研修
- 留学

- 資格外活動許可あり → **資格外活動許可で定められている条件の範囲内に限り雇用OK**
- 資格外活動許可なし → **雇用不可**

●特定活動（126P～参照）については、指定書の記載内容を見て就労可能かどうか（可能な場合の就労活動の範囲）を確認する必要があります。

第1章　外国人の採用実務

●在留資格一覧表

在留資格	本邦において行うことができる活動
外交	日本国政府が接受する外国政府の外交使節団もしくは領事機関の構成員、条約もしくは国際慣行により外交使節と同様の特権及び免除を受ける者またはこれらの者と同一の世帯に属する家族の構成員としての活動
公用	日本国政府の承認した外国政府もしくは国際機関の公務に従事する者またはその者と同一の世帯に属する家族の構成員としての活動（この表の外交の項に掲げる活動を除く。）
教授	本邦の大学もしくはこれに準ずる機関または高等専門学校において研究、研究の指導または教育をする活動
芸術	収入を伴う音楽、美術、文学その他の芸術上の活動（この表の興行の項に掲げる活動を除く。）
宗教	外国の宗教団体により本邦に派遣された宗教家の行う布教その他の宗教上の活動
報道	外国の報道機関との契約に基づいて行う取材その他の報道上の活動
投資・経営	本邦において貿易その他の事業の経営を開始しもしくは本邦におけるこれらの事業に投資してその経営を行いもしくは当該事業の管理に従事しまたは本邦においてこれらの事業の経営を開始した外国人（外国法人を含む。以下この項において同じ。）もしくは本邦におけるこれらの事業に投資している外国人に代わつてその経営を行いもしくは当該事業の管理に従事する活動（この表の法律・会計業務の項に掲げる資格を有しなければ法律上行うことができないこととされている事業の経営もしくは管理に従事する活動を除く。）
法律・会計業務	外国法事務弁護士、外国公認会計士その他法律上資格を有する者が行うこととされている法律または会計に係る業務に従事する活動
医療	医師、歯科医師その他法律上資格を有する者が行うこととされている医療に係る業務に従事する活動
研究	本邦の公私の機関との契約に基づいて研究を行う業務に従事する活動（この表の教授の項に掲げる活動を除く。）
教育	本邦の小学校、中学校、高等学校、中等教育学校、特別支援学校、専修学校または各種学校もしくは設備及び編制に関してこれに準ずる教育機関において語学教育その他の教育をする活動
技術	本邦の公私の機関との契約に基づいて行う理学、工学その他の自然科学の分野に属する技術または知識を要する業務に従事する活動（この表の教授の項、投資・経営の項、医療の項から教育の項まで、企業内転勤の項及び興行の項に掲げる活動を除く。）

※中長期在留者の方で所属機関に変更がある場合=次の場合は、変更があった日から14日以内に法務大臣に届け出る必要があります。①就労資格（一部を除く）、留学生及び研修生の方、②配偶者としての在留資格をもって滞在している方

在留資格	本邦において行うことができる活動
人文知識・国際業務	本邦の公私の機関との契約に基づいて行う法律学、経済学、社会学その他の人文科学の分野に属する知識を必要とする業務または外国の文化に基盤を有する思考もしくは感受性を必要とする業務に従事する活動（この表の教授の項、芸術の項、報道の項、投資・経営の項から教育の項まで、企業内転勤の項及び興行の項に掲げる活動を除く。）
企業内転勤	本邦に本店、支店その他の事業所のある公私の機関の外国にある事業所の職員が本邦にある事業所に期間を定めて転勤して当該事業所において行うこの表の技術の項または人文知識・国際業務の項に掲げる活動
興行	演劇、演芸、演奏、スポーツ等の興行に係る活動またはその他の芸能活動（この表の投資・経営の項に掲げる活動を除く。）
技能	本邦の公私の機関との契約に基づいて行う産業上の特殊な分野に属する熟練した技能を要する業務に従事する活動
文化活動	収入を伴わない学術上もしくは芸術上の活動または我が国特有の文化もしくは技芸について専門的な研究を行いもしくは専門家の指導を受けてこれを修得する活動（この表の留学の項から研修の項に掲げる活動を除く。）
短期滞在	本邦に短期間滞在して行う観光、保養、スポーツ、親族の訪問、見学、講習または会合への参加、業務連絡その他これらに類似する活動
留学	本邦の大学、高等専門学校、高等学校（中等教育学校の後期課程を含む。）もしくは特別支援学校の高等部、専修学校もしくは各種学校または設備及び編制に関してこれらに準ずる機関において教育を受ける活動
研修	本邦の公私の機関により受け入れられて行う技術、技能または知識の修得をする活動（技能実習1号及び留学の項に掲げる活動を除く。）
家族滞在	この表の教授から文化活動までの在留資格をもって在留する者（技能実習を除く。）またはこの表の留学の在留資格をもって在留する者の扶養を受ける配偶者または子として行う日常的な活動
特定活動	法務大臣が個々の外国人について特に指定する活動
技能実習	技能実習生が得られる資格。技能実習生についてはコラムという形で72Pに掲載している
在留資格	本邦において有する身分または地位
永住者	法務大臣が永住を認める者　法務大臣から永住の許可を受けた者（入管特例法の「特別永住者」を除く。）
日本人の配偶者等	日本人の配偶者もしくは民法（明治29年法律第89号）第817条の2の規定による特別養子または日本人の子として出生した者
永住者の配偶者等	永住者の在留資格をもつて在留する者もしくは特別永住者（以下「永住者等」と総称する。）の配偶者または永住者等の子として本邦で出生しその後引き続き本邦に在留している者
定住者	法務大臣が特別な理由を考慮し一定の在留期間を指定して居住を認める者

第1章　外国人の採用実務

●在留資格によって在留期間は最長5年になりました

在留期間の上限が最長「5年」となったことにより、各在留資格に伴う在留期間が次のようになりました。（2012年7月9日施行）

主な在留資格	在留期間
『技術』、『人文知識・国際業務』等の就労資格（『興行』、『技能実習』を除く）	5年、3年、1年、3月（注）
『留学』	4年3月、4年、3年3月、3年、2年3月、2年、1年3月、1年、6月、3月（注）
『日本人の配偶者等』、『永住者の配偶者等』	5年、3年、1年、6月

（注）当初から3月以下の在留を予定している場合があることから、新たに「3月」の在留期間を設けています。この場合、新しい在留管理制度の対象とはならず、在留カードは交付されません。

『技術』、『人文知識・国際業務』等の就労資格（『興行』、『技能実習』を除く）

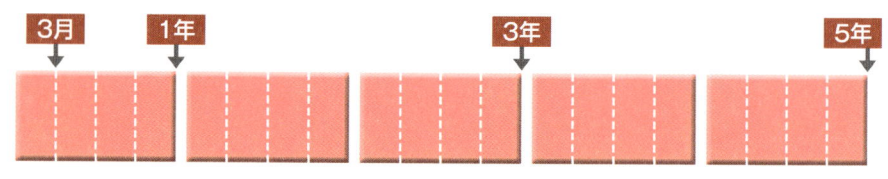

3月　1年　　　　　3年　　　　　　5年

『留学』

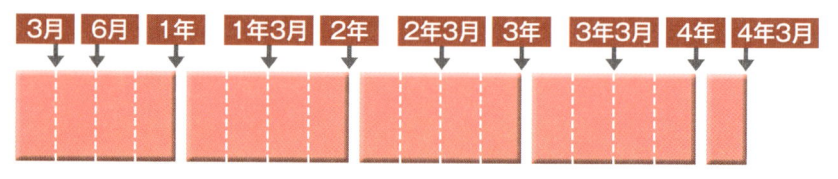

3月　6月　1年　1年3月　2年　2年3月　3年　3年3月　4年　4年3月

『日本人の配偶者等』、『永住者の配偶者等』

6月　1年　　　　　3年　　　　　　5年

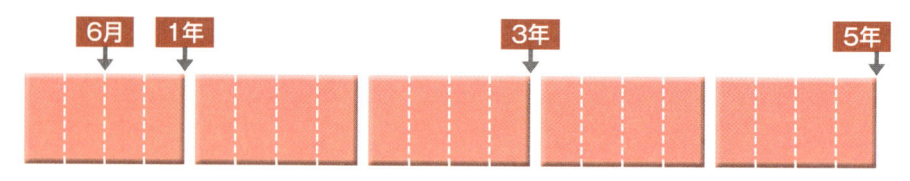

外国人採用のパターン

企業の国際化と外国人社員の採用パターン

企業の国際化が進むにつれて、外国人を採用する機会も増えています。従来は、大企業が中心だった外国人雇用も、現在では中小企業にまでその流れは広がりをみせています。

外国人が、日本に滞在し、一定期間働くためには、就労可能な在留資格が必要になります。就労が許される在留資格を持っていなければ、外国人は、企業で働くことはできません。

外国人の就労に関し審査をするのは、法務省に属する**地方入国管理局（入管）**です。

一般的には、企業が外国人の採用を決めるときには、7つのパターンがあります。一番目は、日本で留学生として勉強している外国人を、卒業をするときに採用するケースです。二番目は、海外に人事担当者等が出向き、採用する人材を決めるケースです。三番目は、日本の他の企業で在留資格を持ち働く人を、転職の形で受け入れるケースです。四番目は、日本人の配偶者など身分系の在留資格を取得している人を採用するケースです。五番目は、短期滞在の在留資格で、日本に来ている人材と面接し、採用を決めるケースです。そして、六番目は、海外の子会社の人材を本社に受け入れるケースです。七番目は家族滞在として滞在する外国人を社員として採用するケースです。その他にも、在日アメリカ軍が退役して一般企業に働く場合の在留資格取得、ワーキングホリデー（特定活動）（112P参照）から

就労系の在留資格変更など、マイナーなケースはありますが、とくに、実務担当者が多く目にするケースを中心に解説します。

パターン1
留学生の採用

　日本には、数多くの留学生がやって来ており、卒業後も日本に留まり、就職を希望するケースが増えてきました。
　この場合、『留学』から『人文知識・国際業務』や『技術』への在留資格変更の手続きが必要となります。(91P～参照)
　外国人が、文系の学科を専攻して卒業した場合には、『人文知識・国際業務』、そして理系の科目を卒業した場合には、『技術』の在留資格が与えられることになります。

**　外国人留学生を採用する際に注意が必要なのは、何を専攻し、どのように自社の業務と結びついていく人材なのかを判断することです。**

　例えば、採用後、ITエンジニアとして働いてもらおうとしているのに、その外国人留学生には、ITを勉強した経歴がなく、文学しか分からないというのでは、雇用のミスマッチとして入国管理局が、許可を出さないケースも想定されます。
　在留資格の変更の許可を取るためには、それなりの説明が求められるので、この点は、人事担当者として注意が必要です。外国人の場合、入社後は、どのような仕事を具体的に担当してもらうことになるのかを明確に決めておき、その内容を申請理由書という形にまとめて提出するといいでしょう。

パターン2
海外で外国人と面談して採用を決める場合

　国際化の進展の中、将来海外の拠点で幹部社員として働いてもらうよう

な場合は、その進出を予定している国で、大学卒業予定者と面談をして、自社にふさわしい人材かどうかを判断し、採用を決めるケースがあります。

このような場合では、日本の会社の子会社において働いてもらうわけですから、日本の商習慣を学び、あるいは、実務を通して仕事そのものを習得する目的で、採用した社員を日本に招聘するケースがあります。

実際、海外においてすでに子会社が立ち上がっており、まず、そこで1年以上働いた実績があるような場合では、『**企業内転勤**』（120P～参照）という名称の在留資格で働くことが可能です。いきなり日本の会社で働いてもらうためには、『技術』『人文知識・国際業務』の「**在留資格認定証明書交付申請**」（40P参照）を行う必要があります。

実際、外国人の社員を現地で採用する場合には、履歴書のほか、その人材の卒業証明書や卒業証書のコピーを入手する必要があります。さらに、国際的に通用する資格を取得しているような場合には、そのライセンスのコピーも入手しておくことがよいでしょう。とくに、日本語検定の1級の資格を取得している場合は、審査上有利に働きますので、採用予定の外国人から日本語能力認定書のコピー（企業では1級または2級程度が求められる）を入手するようにしてください。

パターン3
日本において他社で働いていた人材を受け入れる場合

すでに日本の他社において就労していた人材を受け入れる場合、注意点がいくつかあります。その外国人が担当する業務が、その在留資格の該当性にマッチするかどうかというのが、第1のポイントです。

例えば、先日までレストランでコックとして働いていた中国人をそのままの在留資格で貿易業務で働かせるようなことはできません。ただし、この中国人が、永住権をもっているとか、永住者の配偶者や日本人の配偶者といった身分系の在留資格を持っているのであれば、就労に制限がないのでこのような転職をしたとしても在留資格の問題は生じません。

実際は、『技能』という名称の在留資格を持って活動するのがコックの場合の原則ですから、通常、『人文知識・国際業務』という名称の在留資格を必要とする貿易業務を展開する企業で受け入れることは、不可能です。

　実務上、在留資格の知識を持っていない人事担当者が、勘違いで、有効期限のある在留資格であれば何でもいいと思ってしまうと、入管法に違反の状態で、外国人を雇用することになってしまいます。
　もし、すでに他社勤務を経験している場合で、かつその人材が日本に住んでいるケースでは、有効な在留資格を持っている可能性が高いです。この場合は、在留カードを確認することによりその外国人が有効な在留資格を持っているか、いつまで日本にいることのできる許可を得ているのかを確認することができます。

　他社で勤務していた人材が、自社で働いても問題がないかどうかの確認は、「**就労資格証明書交付申請**」(88P～参照）の手続きを入国管理局で行うことで確認が可能です。この証明書は、外国人が、自社で働いても問題がないという在留資格の適合性を証明してくれるものです。例えば、A社で貿易業務に従事していたXさん（人文知識・国際業務）が、B社で同じく貿易業務をすることについて問題がないかについて審査されるもので、本人と会社の業務内容と、財務内容等が審査の対象になります。新しくXさんを採用するB社のほうが、小規模で、安定性がなく、赤字体質で、給与水準も極端に低いなどの悪条件が重なると、許可が下りず、Xさんは、日本で働くことができなくなる可能性があります。

パターン4
身分系の在留資格を持つ外国人を採用する場合

　企業が外国人を採用する場合、一番安全に雇うことができるのが、身分系の在留資格を持つ外国人でしょう。

具体的には、日本人と結婚をして、日本に住んでいる外国人、永住権を持つケース、永住者と結婚しているケースが挙げられます。
　この他に、『定住者』(156P～参照）と呼ばれる在留資格を持っている場合にも、企業は、その外国人を雇用することができます。
　多い事例では、日本人と結婚していたけれども、離婚することになり、入国管理局から在留資格として『定住者』の在留資格を与えられた場合です。その他、外国人女性の連れ子として日本に入国した場合や、先祖が日本人だった日系ブラジル人やペルー人などが、この『定住者』の在留資格を持っているケースがあります。
　実際、溶接工や、建設労働者として働く外国人の中には、この『定住者』の在留資格で働き続けている人も多いのが実情です。原則として、単純労働による就労を認めていない日本の在留資格制度の例外のようなケースなので、建設業界や電気工事業界などから重宝されている資格でもあります。

　企業の実務担当者として気をつけなければならないのは、日本人の配偶者の在留資格で働いていた外国人が離婚した場合、必ず『定住者』の在留資格を与えられるとは限らないことです。

　例えば、結婚してから3年未満である場合や、ある程度の年数の婚姻期間があっても、実態として別居しており、出稼ぎ労働者のような形で、働いていると判断されると、入国管理局は、その外国人に対し『定住者』の在留資格を与えないことが多いです。
　この場合、その外国人が大学卒業をしており、その勤務先の業務とある程度関連性のある学問を勉強してきたようなケースであれば、在留資格変更申請を行うことにより、就労系の在留資格を取得することができます。
　ところが、その企業における外国人の業務内容が、荷物の運搬など、単純作業である場合、身分系の在留資格から就労系の在留資格に変更をすることが困難になります。この場合、もはや、その企業は、身分等の在留資

格を喪失したこの外国人を雇用し続けることができなくなります。

　外国人が、離婚した事実を伝えず、かつ在留資格の該当性がない状態で雇い続けると、企業側も不法就労助長罪（79P参照）として罰金等の不利益を受けることになります。

パターン5
短期滞在で日本に来ていた人を雇用する場合

　短期滞在で日本に職を探しに来る外国人もいます。とくに、母国で、日本語の勉強をしてきて会話力もあり、日本の文化やビジネス習慣に興味を持つ外国人にとって日本企業にあこがれ、就職を希望することがあります。

　企業にとっても国際化の進展の中で、自社の今後のビジネス展開にとって有益な人材と思えば、採用することを決めるのは自然のことです。

　このようなケースで、外国人の採用を決めたからといってすぐに自社で社員として働いてもらうわけにはいきません。

　このようなケースのときには、まず、採用予定の外国人について「**在留資格認定証明書交付申請**」（96P～参照）という手続きを行わなければなりません。この手続きを経て、初めて日本に外国人を招聘（しょうへい）することができるのです。この手続きを行うために、まず、採用予定の外国人の基本的なデータを把握しておくことが肝要です。

　労働契約（労働条件）の内容を文書にしておくことは絶対的に必要ですし、いつからどのような内容の仕事をしてもらうこととなったのかを入国管理局側に説明できるようにしておかなければなりません。とくに、**報酬を月額でいくら支払うかは審査の上で、非常に重要なポイント**です。

　日本で面接した際に、外国人の卒業証明書（あるいは卒業証書の写し）がない場合は、すぐに申請ができなくなりますので、あわせて取り寄せておくことが必要です。現在では、大学卒業程度の学歴を持つ外国人に加え、

専門士、高度専門士に該当するような称号を付与されたケースまでは、在留資格が与えられる対象となっています。さらに、大学卒ですぐに日本で就職を希望する場合を除き、本国で、就労した経験がある外国人の場合、その経歴書を提出する必要があります。

パターン6
海外の子会社から人材を受け入れるケース

　企業の国際化が進む中、海外に多くの子会社や孫会社を持ち、人事交流を行う、人事異動を行う等の理由で、外国人社員が日本で働くケースがあります。このようなときには、『**企業内転勤**』(120P～参照)という在留資格が、該当する外国人社員に与えられることになります。

　ただし、何でもかんでも資本関係があれば、その資本関係の企業の社員を日本で長期に働かすことができるという制度ではありません。基本的には、100％親会社が出資しているのであれば、曾孫会社の社員まで呼べるという運用が採られています。

　一方、出資比率が、50％を切り、かつ株主総会を支配できるだけの関係になっていない場合は、『企業内転勤』の名称で、外国人社員を招聘することは許可にならないケースが多いです。日本にある法人と外国法人の出資関係を証明する資料を提出しなければなりませんので、ここが、重要なポイントとなります。

　外国人社員を招聘する場合、基本的には、『人文知識・国際業務』、『技術』の在留資格を与えられるべき業務を担当する人材で、かつ1年以上その企業で勤務した実績があることが求められます。

　企業内転勤の場合では、転勤命令書の写しも提出しなければなりません。もし、違う法人である場合は、労働契約書の写しも提出しなければなりません。さらに、外国人社員が日本に来る際の地位が、役員である場合には、

役員報酬を定める定款の写しまたは役員報酬を決議した株主総会の議事録の写しも必要です。

パターン7
家族滞在として滞在する外国人を社員として採用する場合

　夫婦で、外国人の家族が来日し、ご主人あるいは奥様が法人に勤務している場合、働いていない配偶者の在留資格は、『**家族滞在**』(128P〜参照)ということになります。

　家族滞在の場合でも、資格外活動許可を得れば、週28時間までアルバイトをすることが認められています。

　実際、企業でアルバイト社員として働いていた外国人が、企業の担当者から気に入られ、正社員としての採用を検討してもらえることもあります。
　もし、その『家族滞在』の在留資格を持つ外国人が大学を卒業している場合、在留資格の変更申請が認められ、『人文知識・国際業務』や『技術』の在留資格を取得することができます。このケースでは、本国で、大学を卒業したことを証明する資料を提出する必要があります。また、企業の業務内容と、その人材が勉強してきた内容がある程度関連性があることを証明する必要があります。
　実務の中で、ベトナムから来た看護師で医療の在留資格を持つ女性の旦那さんが、『家族滞在』の在留資格で来日したケースがあります。この男性は、ベトナムの大学で電子工学を専門としていたので、技術者として航空機等の電子部品メーカーの会社でアルバイトをしていました。アルバイトで、優秀な人材だと認められ、正社員として採用されることになりました。このときは、『家族滞在』から『技術』への在留資格変更申請が認められました。

> 準備する書類

企業として準備すべき書類には何があるか

● 企業が準備しておく書類の種類

・採用する会社も入国管理局から審査されることになる

　外国人を採用する予定の企業は、企業側も審査されることになりますので、必要書類を用意することが重要です。入国管理局は、審査のキーワードとして、「安定性」、「継続性」という表現を使用します。財務基盤がしっかりとしていて、社員や設備も整い、安定的に顧客から注文を受け、事業展開がされているかどうかが判断されます。

　企業側が、入国管理局から求められる書類は、「**①財務状況を示す書類**」、「**②会社案内もしくはこれに該当する書類**」、「**③雇用契約書もしくは、雇用条件通知書に該当する書類**」になります。最低でも、外国人に、日本人並みの給与を雇用する期間において支払い続けることができる安定性がある企業でなければ、外国人にかかる申請は、企業審査の段階で、終わりになってしまいます。

・財務状況を示す書類で自社の安定性をアピールする

　財務状況を示す資料は、損益計算書と貸借対照表があればいいのですが、企業として外国人を雇用できるだけの財力があるかどうかを審査されることとなります。企業の安定性を示す指標として、財務関連の資料の写しの提出義務があるので、赤字体質で、倒産の危機があるような場合、企業側

の理由で、申請が不許可になることがあります。

・会社案内は視覚的に理解されやすいものを用意する

会社案内については、その会社がどのような歴史を歩んできた会社であるか、どのような商品やサービスを提供して経済活動を営んでいるのかどうかを理解するための重要な資料となります。入国審査官も初めて接する企業や業態であると、外国人を本当に必要とする企業なのか、日本人でも対応できる仕事ではないか、単なる単純作業に該当するのではないかというように疑問を持つケースが多くなります。その意味で、図や写真など視覚的に審査官の理解を助けるような資料を添付することが重要です。

・日本人と同じ給与水準でないと認められない

外国人の採用を考えている企業が誤った認識で、労働基準法に違反する不適切な労働条件通知書や雇用契約書を作成してしまうと、入国管理局への申請が不許可になります。

実際にあった事例ですが、韓国人の留学生を3人採用予定の企業が不許可になったもので、雇用契約書に問題があったのにもかかわらず、採用担当者の視点では気がつかなかったというものでした。

日本国内で、外国人の大学卒業者に働いてもらう場合には、日本人の学卒と同じ給与水準にしなければならないのに、その企業では、韓国の学卒の給与水準が日本円換算で計算した場合、日本人に比べ半分ぐらいだからという理由で、11万円の給与しか明示していなかったのです。外国人が、安い労働力だと勘違いしている面があるのでしょうが、日本国憲法の精神から「法の下の平等」が基本であり、労働基準法上もこのような差別的な扱いを禁じています。

外国人と交わす労働条件にかかる契約書は、労働基準法の15条に定められている労働契約の内容に準じて作成されるべきものです。

●会社の準備すべき書類は、カテゴリーにより異なる

・企業の信頼度によって4つのカテゴリーに分類される制度がある

　会社側が、外国人を雇用するに当たり必要な書類があります。入国管理局側が、提出を求めている書類を準備できない場合、申請をしても、実際不許可になり、外国人を採用することが不可能になります。

　入国管理局では、外国人の就労に関する在留資格に申請のときに、企業の規模（法定調書合計表の源泉徴収税額によるランク分け）により、提出書類が異なります。これらは、カテゴリー制と呼ばれます。最も入国管理局からの信頼度の高いランクは、カテゴリー1と呼ばれます。

・カテゴリー1と2に分類された会社は在留資格認定が受けやすい

　カテゴリー1に入るのは、日本の証券取引所に上場している企業、保険業を営む相互会社、日本または外国の国または地方公共団体、独立行政法人特殊法人・認可法人、日本の国・地方公共団体認可の公益法人、法人税法別表第1に掲げる公共法人となります。

　カテゴリー2は、かなり企業規模の大きなところを対象としたもので、**前年分の給与所得の源泉徴収票等の法定調書合計表中、給与所得の源泉徴収合計表の源泉徴収税額が1500万円以上ある個人・団体が入ります。**

　例えば、「在留資格認定証明書交付申請」をする場合でも、カテゴリー1とカテゴリー2に関しては、在留資格認定証明書交付申請書を記載し、外国人の写真（3cm×4cm）、返信用封筒（392円の切手を貼ったもの）と、カテゴリー1か2に該当することを証明する文書の写しを提出することで簡単に在留資格交付申請は受け付けてもらえます。

　もし、採用を予定している外国人が、専門学校の卒業である場合には、専門士、高度専門士の称号を付与されたことを証明する文書を提出する必要があります。

第1章　外国人の採用実務

- **カテゴリー3と4の会社は採用に関し詳しい説明が必要**

　これに対し、その他大部分の企業が該当するカテゴリー3と4は、多くの書類を求められます。**カテゴリー3**は、中小企業が外国人採用の際に割り当てられるカテゴリーです。また、**カテゴリー4**は、新規に設立された企業等が主な対象になりますので、事業計画書等、入国審査官が理解できるような詳しい説明資料が、企業にとって必要になります。

●労働契約に関する書類の提出

- **会社は外国人を雇う際、雇用契約書を結ぶ義務がある**

　労働契約書は、労働条件通知書という名称で明示されることが多く、厚生労働省のホームページから雛形（102・103P参照）が、ダウンロードができます。日本語版だけではなく、英語や中国語、韓国語版もあります。外国人が企業に採用された場合、どのような仕事に就き、どのような条件で働くことになるのかを文書の形でまとめなければなりません。具体的には、労働基準法第15条第1項及び、労働基準法施行規則第5条に基づき、労働者に交付される労働条件を明示する文書の提出義務があるのです。

- **労働契約の書類では5つの項目**

　労働契約の中には、（1）労働契約の期間（2）就業の場所、従事すべき業務（3）始業および終業の時刻、所定労働時間を超える労働の有無、休憩時間・休日・休暇、労働者を2組以上に分けて交替に就業させる場合における就業時転換に関する事項、（4）賃金（退職金、賞与等を除く）の決定・計算・支払いの方法、賃金の締め切り・支払の時期（5）退職に関する事項という5項目の事項を書面にて明示しなければなりません。これらの内容に、労働基準法違反の記載があると、申請が不許可になるのは確実です。

- **とくにチェックされるのは「賃金」の部分**

　とくに注意しなければならないのは、賃金の部分です。外国人だからと

いって、他の同年代の日本人と同じ内容の業務をしているのに賃金格差をつけた内容の労働条件を明示したり、最低賃金を下回るような内容の労働条件を労働条件通知書の中に書くと、企業としての品位まで疑われることになり、申請は不許可になります。

　実際、外国人を安い賃金で使用しようと考える企業が多く、このような価値観の企業は、入国管理局から外国人を雇用するのに不適格というレッテルを貼られてしまいます。いわゆるブラック企業です。

　入国管理局が、実務の中で求めてくることが多いのは、外国人の担当する業務に関しての詳細な説明です。外国人が担当することになる業務に求められる知識にはどのようなものがあるのかをできる限り分かりやすく解説する文書を別紙で提出することもよくあります。
　なお、労働契約に関する文書では、外国人が、日本語を理解できない場合、英語版やその他の言語版も必要に応じて準備しなければなりません。

●外国人が役員に就任する場合

　もし、採用する外国人が取締役業務部長など、日本法人における役員としての職位を用意されている場合は、企業として準備する書類が違います。この場合は、「**役員報酬を定める定款の写し**」または「**役員報酬を決議した株主総会の議事録**（報酬委員会が設置されている委員会設置会社においては報酬委員会の議事録）**の写し**」が必要です。
　外国法人内の日本支店に転勤する場合及び会社以外の団体の役員に就任する場合は、地位（担当業務）、機関及び支払われる報酬額を明らかにする所属団体の文書が必要になります。

●外国人の学歴や職歴を証明する文書

　外国人を採用する企業の担当者は、採用を決めた場合、申請をすること

になる該当者の学歴と職歴を証明する文書を提出しなければなりません。

・新卒者は大学などの卒業証明書が必要

　基本的に、ホワイトカラーの労働者の採用に関しては、一部の例外を除き、大学から専門学校程度の学歴がないと、入国管理局からの許可が出にくいのが実情です。そのため、まず、外国人の卒業証明書を入手することが重要です。日本の大学であれば、当然のように卒業証明書は発行してくれます。その他、外国の場合、国によって何らかの違いはありますが、卒業証書の写しなど卒業を証明する書類は入手できるはずです。

・既卒者は詳しく書かれた履歴書・職務経歴書が必要

　職歴に関しても、新卒でない場合は、とくに過去何をして生計を維持してきた人なのか、その人物の能力を判断する材料として審査の対象になります。採用面接のときに、提出された履歴書等の写しでも対応は可能です。ポイントは、履歴書の中身をできるだけ詳しく書くようにすることです。もし、その外国人が、日本語が得意であるのならば、日本語の履歴書に加え、職務経歴書も日本語で書くようにすれば印象はよくなります。

　入国管理局では、英文の履歴書や職務経歴書でも受け付けてくれますが、その他の言葉の場合は、和訳を付けて出すのがルールになっています。

　例えば、『人文知識・国際業務』の場合、大学を卒業した人材で、翻訳、通訳または語学の指導にかかる仕事をするときには、実務経験は必要ありませんが、すでに卒業してその他業務についている外国人が、日本の企業で就職を希望する場合においては、実際に担当することになる業務に関連して3年の職務経験を有するかどうかが審査の対象になります。

●会社の内容を解説する

・外国人を採用するならホームページを開設しておいたほうが無難

入国管理局は、その申請にかかる審査のために、外国人を採用する企業の業務内容を説明する資料の提出を求めています。

　まず、会社の「**登記事項証明書**」は必要になります。あとは、一般的な会社案内がある場合には、そのものを提出します。あるいは、**ホームページがある場合には、それをプリントアウトして提出**します。

　実際、外国人を雇用するような企業は、ホームページを開設しておいたほうが無難です。入国管理局の審査官も、どのような企業なのかインターネットで調べることが多いそうです。それにより、外国人が就労するのにふさわしい企業かどうか、安定性、継続性はどうかを審査するといいます。

・入国管理局の担当者の信頼を得るためには

　ホームページが存在せず、提出資料がワープロソフトで、簡単に作成した事業案内しかないと、企業に対する信頼性や継続性の面から疑念を持たれかねないので注意が必要です。

　入国管理局の審査は、裁量行政の中で行われますので、担当の審査官から怪しいと思われて得をすることはありません。

　怪しいと思われると、**資料提出通知書**が入国管理局の担当官から送られてきて、会社や業務内容、契約書の内容など詳しい説明を求められます。とくに、外国人を採用することの必要性に乏しいと判断されると、不許可となってしまいます。

　企業としてどのような事業を展開することにより利益を上げているのか、どのような取引先と商売をしているのか、外国人を採用する必然性はどこにあるのかなどを情報として提出するように心がけてください。

●外国人の担当する業務を詳細に説明する

　外国人を採用する予定の企業は、自社の業務のどの分野において働いて

もらい、どのような知識と技能を必要とするものなのか、日本語力は必要か、海外との接点はどのように存在しているのかなど、詳しく説明する必要があります。この点に関する説明が不十分だと、入国管理局から追加資料提出命令が来ることになり、許可が出る時期が遅れます。

　外国人が、その業務を行うことが、入管法上の在留資格の適合性に一致するのかどうかという視点で審査官は判断しますので、そのことを意識して説明をするといいでしょう。

Column

在留資格認定証明書とは何か？

　外国人が、日本に入国しようとする場合、以下の4点を満たしていることが必要です。

ア　旅券や査証が有効であること
イ　日本で行おうとする活動が虚偽のものではなく、かつ、在留資格に該当すること
ウ　申請にかかる在留期間が法務省令の規定に適合していること
エ　上陸拒否事由に該当していないこと

　在留資格認定証明書とは、上記のイの内容について、在留資格が適正なものと事前審査したもので、この証明書を所持する外国人が、空港において提示することで、日本への上陸審査がスムーズに行われることになります。ただし、在留資格認定証明書のみでは入国できないので、来日する前に在外公館で在留資格認定証明書を提示してビザ（査証）の発給を受けておかなくてはなりません。

　在留資格認定証明書は、就労系の在留資格の場合、受け入れ機関となる企業の社員も申請することができます。また、行政書士等の申請取次ぎ制度も利用できます。なお、この在留資格認定証明書は、発給された日から3カ月間が有効期限です。そのため申請人は、在留資格認定証明書交付後、3カ月以内に来日しなければなりません。

第2章 外国人の入国（在留資格と在留カード）

在留資格

在留資格に関する基礎知識

　外国人を雇用する機会は、今後さまざまな産業で必要性を増すことでしょう。ただし、日本人の採用とは根本的に違うルールがありますので、その概要を企業の実務担当者が把握することが必要です。2012年7月9日から入管法改正により在留カードの導入がスタートし、以前とは全く違ったシステムとなっています。ここでは実際に外国人を雇用する場合に必要となる「在留資格」取得に係る基礎知識を解説します。

●在留資格を証明する在留カード

　「在留資格」は、外国人が合法的に日本に上陸し滞在し、活動することのできる範囲を示したもので、現在27種類（22・23P参照）が入管法にて定められています。これらは一般的に「ビザ」（正確には「在留資格」以下在留資格で表記）という名称で呼ばれています。

　その在留資格の証明書となるのが「**在留カード(Residence Card)**」で、企業に関連する在留資格の場合、「在留カード」が発行されていることが前提となります（一部3カ月までの就労可能な在留資格も存在し、この場合はパスポートへの認証シール対応となります）。

　詳細については後述しますが、例えば留学生や就学生(専門学校生等)は在留資格27種類のうちの『留学』の在留資格、一般的な会社の場合には在留資格27種類のうちの『技術』や『人文知識・国際業務』などの在留資格の許可を受ける必要があります。

●日本に住んで働いている外国人は在留資格を取得している

　基本的に、日本に住んで働いている外国人（短期滞在での就労は不可）は何らかの在留資格を取得しているはずです（在留資格を持っていないで働いている場合には不法就労となります）。『家族滞在』の在留資格しか持っていない人をフルタイム（規定では週28時間まで）で働かせた場合も不法就労とみなされますので注意が必要です。

　2012年7月9日以降は、「在留カード（Residence Card）」に資格外活動の許可の有無が記載されていますので、学生や家族滞在の外国人の雇用の際には必ず確認するようにしてください。ただし、2012年7月9日以前に使用されていた「外国人登録証明書」も経過措置で2015年7月8日までは「みなし在留カード」とされることがあります。

●外国人を採用するには在留資格について正しい知識が必要

　海外から採用し日本で働く場合には、採用される企業の職務内容に適合した「**在留資格認定証明書**」（96P〜参照）を事前に申請し、許可を得る必要があります。企業が日本国内に在留している外国人を採用する場合であっても、企業の業務内容が外国人の持っている在留資格と合っていない内容で就業すると、その外国人は不法滞在、企業は不法就労助長罪となります。例えば「ITエンジニア」が『技術』の在留資格で「コック」としてフルタイム働くようなことはできません。

　そのため、企業は、3カ月を超えて日本に滞在することになる外国人を採用する場合には、「在留資格について正しい知識を持つ」ことが重要となります。

●新しい高度人材ポイントシステム

　企業が高度な技能・知識を持つ外国人を採用し、日本で在留期間中に行おうとする就業活動に該当性があることでポイントが与えられる制度がス

タートしました。2012年5月7日から高度人材ポイント制（146P〜参照）が開始され、政府が認めるポイントに該当する外国人で、合計70点以上になることが証明できれば、「在留資格認定証明書」で、外国人社員を招聘することが可能です。すでに日本にいる外国人でも、ポイントが70点になることが確認されれば、変更申請をして高度人材になれます。

● 「ビザ」と「在留資格」は違うもの

　「ビザ」と「在留資格」が同義語のように使われていますが、厳密には違うものです。「ビザ」は、来日を希望する外国人が、自国にある日本の大使館や領事館で、日本への入国に問題なしと考えられるときにパスポートへ押される印（査証）のことです。パスポートの有効性の確認と、入国させても問題なしという妥当性の意味を持つ推薦印の位置づけです。「ビザ」は、あくまでも日本に入国するためのものです。

　これに対し、「在留資格」は、日本で活動するために必要となる資格です。それを証明し、外国人に携帯を義務づけたものが「**在留カード(Residence Card)**」（サンプル56P参照）です。「在留カード」は入国管理局から発行されます。「在留資格」は、現在27種類あります。技能実習が厳密にいうと4種類に分かれているので、30種類あると記されることもあります。27種類のうち『**短期滞在**』は、簡単に取得できますが、あとの26種類は、入国管理局に出向いて厳正な手続きを経ないと取得することができません。なお、『短期滞在』の場合には「在留カード（Residence Card）」は発行されません。帰国準備で1カ月だけの『特定活動』の在留資格を与えられたような場合も在留カードは発行されず、パスポートに証印シールが貼られます。

● 外国人は適切な在留資格がないと日本では暮らせない

　適切な「在留資格」がなければ、学校に通うこともできませんし、就業することも不可能になります。

基本的に「在留カード（Residence Card）」の所持を法律上求められていない『短期滞在』の外国人は日本で働くことは禁止されています。

　外国人に在留資格の意味を説明する際は、「VISA STATUS（ビザ・ステイタス）」という表現を使うと理解されやすいです。
　日本に在留する外国人は、入国の際に与えられた在留資格の範囲内で、定められた在留期間に限って在留活動が認められるというのが国の方針です。在留資格があるということは、外交官、短期滞在を除き在留カード保有者となります。つまり、在留資格を持っているからといって、どのような仕事も自由にできるわけではなく、在留カードに明記されている活動の内容で日本に滞在できるということです。在留カードに明記された活動以外であれば、原則として資格外活動許可を得ることが必要です。

Column

就労系の在留資格と永住権

　日本での在留期間が10年を超え、そのうち5年以上企業に勤務し、3年の在留期限が与えられている場合は、永住権（156P～参照）の申請ができます。また、高度人材の取得者については、滞在期間が3年で永住権取得の申請が可能になる、という閣議決定がされています。ただし、納税義務を果たしていない場合、納税額が年1万円など低額の場合、申請しても不許可になります。
　これに加え、最近では、厚生年金保険料、健康保険料の支払いをしていない場合も、不許可事由とされることがあります。2016年1月からマイナンバー制度がスタートすると、外国人社員で義務を果たしていない人はすべて、コンピュータでリストアップされてしまいます。永住権を希望するのであれば、日本人と同様の義務を果たすというのが絶対条件です。

第2章　外国人の入国（在留資格と在留カード）

在留資格

在留資格制度の特徴

●**在留カードには個人の基本情報以外に就労制限の有無が記載されている**

　在留資格制度は、外国人にとっては、自分の入国目的からみて入国が許可されるかどうかの判断ができ、入国後についてはどのような範囲内であれば活動が許されるかの判断の基準となります。企業の実務担当者にとっても、その人材の採用が可能かどうかの重要な判断の指標といえるでしょう。なお、**就労系の在留資格**のほかに**身分系の在留資格**である『日本人の配偶者等』や『定住者』は、どのような職種でも雇用することができます。

　外国人を採用し、雇用した企業の人事担当者は、必ず外国人ごとに在留カードの番号を管理し、その期限をも含めて管理する必要があります。

　企業にとってメリットの大きいのは、新しくスタートした高度人材に対するポイント制（146P～参照）による優遇制度です。この制度に該当する70点以上の外国人社員が現在自社で働いている場合には、変更申請をして、特定活動の在留資格で5年の在留期限を取得することができます。高度人材ポイント制度は2013年12月24日より見直しが行われ、日本語能力がより高く評価されるとともに、研究者の年収基準が低い場合でもポイントが得られるようになりました。

就労に関する主な在留資格

投資・経営	日本において事業経営を開始する場合や、事業に投資して経営に関与する場合に必要となる在留資格です。
人文知識・国際業務	日本国内の公的機関、一般企業などと行う契約に基づく業務のうち法律学、経済学、社会学など人文科学の分野に関する知識を必要とするものが対象です。
技能	企業活動の関係で、この在留資格に関連するのは、レストランなどの外食産業で働くコックや、スポーツクラブなどの施設や宝石関連の業界などです。
技術	日本の公的機関や企業と契約を結んで行う業務で、化学、電機、IT、理学、工学その他の自然科学の分野に属する技術または知識を要する場合の在留資格です。
企業内転勤	日本に本店、支店その他の事業所がある外国人の職員が、期間を定めて日本国内の事務所で働く際に必要になる在留資格で、法律、経営学等の人文科学の分野または物理、工学等の自然科学の分野に属する知識を必要とする業務が該当します。なお、親会社、子会社及び関連会社間の相互の異動についても『企業内転勤』に含まれます。
興行	興行の在留資格は、エンタテイメント産業などやテレビ等のマスコミが関連してくる在留資格です。『興行』の該当する範囲は、演劇、演芸、音楽、スポーツ、演奏の興行に関連した活動ということになります。
研修	『研修』とは、日本の公の機関もしくは私企業等の機関に受け入れて行う技術、技能または知識の修得をする活動をいいます。ただし、『留学』と「技能実習1号」に該当する活動以外のものをいいます。
特定活動	外国人の活動に関しては、非常に多岐にわたるので、すべてを類型化することはできません。そのため、類型化できない仕事に関しては、『特定活動』という名称の在留資格があたえられることが多いです。アマチュアスポーツとして企業のクラブ活動の中で役割をはたす外国人（選手やコーチなど）にもこの資格が認められます。

※ 技能実習については 72P をご参照ください。

●27種類の在留資格

在留資格には27種類ありますが、とくに、企業活動と関連性の深い在留資格についてご説明します。基本的に、外国人が日本で働くためには、就労可能な在留資格が必要となります。就労可能な在留資格を持っていない外国人を採用してしまうと本人は不法就労となり、採用した企業側も不法就労助長罪に処される可能性もあるのです。それほど就労ビザは重要です。

外国人を採用する場合、どの在留資格に当てはまるのかを分析しなくてはなりません。さらに、学歴の証明や能力の担保など、手間のかかる資料を用意することが求められます。これらの資料についても、在留資格によりかなり異なります。膨大な手間をかけて採用をした外国人が、手続きに不備があるために入国できないような事態は避けなくてはなりません。とくに、学歴や今までの職歴を証明する文書については、内容的に確実なものを提出することがポイントです。審査の基準をクリアするために、企業の実務担当者として知っておくべき基本情報を解説します。

実際入管法には、27種類の在留資格が定められていますが、企業の採用活動との関連性からは、『人文知識・国際業務』、『企業内転勤』、『興行』、『芸術』、『技能』、『技術』、『研究』、『投資・経営』などの在留資格が該当するケースが多いのが実情です。また、職種によっては、『特定活動』、『技能実習』といったケースもあります。また、活動に制限のない『永住者』、『日本人の配偶者等』、『永住者の配偶者等』、定住者については、長期的戦力として企業活動に関係するケースもあります。

●企業を信頼度で分類するカテゴリー制度

外国人の就労に関する在留資格に申請のとき、入国管理局に提出する書類は、企業の規模あるいは公共性により、提出書類が異なります。企業のカテゴリー制度と呼ばれる制度で、入国管理局からの信頼度の高いランクによって高い順からカテゴリー1～4となります。

民間企業のカテゴリー制度による所属機関区分

カテゴリー1	日本の証券取引所に上場している企業 保険業を営む相互会社
カテゴリー2	前年度職員の給与所得の源泉徴収票等の法定調書合計表により1500万円以上の納付が証明された企業
カテゴリー3	前年分の職員の給与所得の源泉徴収票等の法定調書合計表が提出された企業
カテゴリー4	新規設立などカテゴリー1～3のいずれにも該当しない企業

　カテゴリー1の企業で働く外国人の場合、審査期間が2週間程度と短くなります。在留期限に関しても、カテゴリー1及び2に該当する企業に勤める外国人社員の場合、5年間の在留期間が与えられることがあります。

Column

源泉徴収票の法定調書合計表とは？

　法定調書とは、該当年の1月1日から12月31日に「給与等」もしくは「報酬・料金等」などを支払った者が、その内容を受給者、税務署及び市区町村に通知するための法で定められた帳票のことです。前年分の職員の給与所得の源泉徴収票等の法定調書合計表は1月31日までに税務署に提出しなければなりません。

　入国管理局が在留資格申請に関連して提出を求めているのが、前年分の職員の給与所得の源泉徴収票の法定調書合計表（税務署の受付印のあるものの写し）です。この法定調書合計表をもとに入国管理局では、企業をカテゴリーに分類します。（書式の見本は101Pにあります。）源泉徴収される対象の社員数とその額から、実際の企業の規模がわかります。

在留カード

在留カードとはなにか？

　在留カードは、改正入管法の中で初めて登場した証明書の役割を果たすカードで、2012年7月9日以前の『外国人登録証明書』とは違うカードです。外国人が、3カ月以上日本に滞在する権利を証明する許可証とお考えください。ただし、短期滞在の延長が認められた場合は、3カ月を超えて日本にいる場合でも在留カードは発給されることはありません。

　外国人本人はもちろんですが、外国人を採用する企業のみなさんも、在留資格を証明する在留カードについて知っておくべきことはたくさんあります。

● **在留カードの発行**

　在留カードは、入国管理局により発行され、基本的に3カ月を超えて日本に滞在をすることが許可された外国人にのみ発給されます。市区町村から発給されていた外国人登録証明書と発行元が異なります。現在所有している「外国人登録証明書」の有効期限が、2012年7月9日以降の場合は、現在お持ちの「外国人登録証明書」がそのまま更新されることはありません（有効期限のある外国人登録書は、最長2015年7月8日までみなし在留カードとして効力があります）。次回の在留期限の更新のときに在留カードに切り替わります。

　もし、在留資格の期限が、外国人登録証明書の期限より長い場合は、在

留カードに変更することをお奨めします。現状では、入国管理法の在留期限と外国人登録証明書の有効期限の年月日は一致していません。例えば、在留期限が、2014年12月2日で、外国人登録書の有効期限が、2014年9月11日の場合は、もはや外国人登録証明書のデータは、更新されないので、それまでに入国管理局に行き、在留カードの発給の手続きを受けてください。外国人登録証明書が在留カードとみなされる期限は2015年7月8日までです。

外国人登録証明書を所持する方は一度、在留カードの発給を受けてしまえば、自分の在留期限と在留カードの有効期限が同じ月日になりますので、自分でも管理しやすくなります。

●在留カードとみなし在留カード
（永住者と有効期限のある外国人登録証明書）

2012年7月9日以降は、新しく日本に入国する外国人に外国人登録証明書が発行されることはありません。それまでに発行された外国人登録証明書については、有効期限内であれば、「**みなし在留カード**」として使用することができます。

『**永住者**』の方の場合、2015年7月8日までに在留カードに変えればいいので、それまでの期間は、「**外国人登録証明書をみなし在留カード**」として利用できます。別の言葉で言うなら、外国人登録証明書の有効期限が切れてしまっていても、『永住者』は「2012年7月9日以降に有効期限が切れた外国人登録証明書」を所持していれば2012年7月9日以降、3年間（2015年7月8日）は、在留カードを持っていなくても違法ではないということです。

なお、永住者のみなし在留カードはあくまでも「永住許可を受けた人」だけなので、「永住許可」以外の在留資格をもつ方の場合には外国人登録証明書の有効期限がくれば、「みなし在留カード」とは見なされなくなるの

で間違えないようにしてください。

　また、在留資格の有効期限ではなくあくまでも外国人登録証明書の有効期限が対象となるのでこれも間違えないようにする必要があります。

　現在、外国人登録証明書を所有している外国人の方は、遅くとも2015年7月8日までに、地方入国管理局において即日在留カードへの切り替えの手続きをしなければなりません。

●在留カードは一部の国際空港で発給される

　以前の「外国人登録証明書」と違い、在留カードがあれば、再入国の手続きをしなくても1年以内なら、日本に戻ってくることができます。これが大きな利点です。この制度は「みなし再入国許可」と呼ばれています。これより長い期間日本に帰らない場合は、従来と同じ再入国許可の申請を入国管理局の窓口でして、証印シールを貼ってもらい出国します。もしも、在留期間の残りが1年以内の場合は、その在留期限までに日本に再入国する必要があります。

　現在、一部の国際空港（成田空港、羽田空港、中部空港および関西空港）で在留カードの発給が行われています。

●在留カードを所持するには居住する市区町村で住民登録が必要

　在留カードを持っていることが、正当に3カ月を超えて日本に滞在することを認めてもらえる証拠となります。それ以外の空港や港から入国した場合には、すぐに在留カードは発給されず、後日、本人宛に書留で送られてきます。ただし、そのためには、自分が居住することになる市区町村の窓口で、住民登録を行う必要があります。この手続きをすると、市区町村の窓口からオンラインで入国管理局の担当部署へ住居情報が送られ、そのデータを元に、入国管理局から本人宛に在留カードが届くのです。

　逆に、成田や羽田など即時配布の在留カードを取得した場合は、2週間以内に自分の居住することになる市町村の窓口へ行き、住民登録の手続きを

して、在留カードにも住所の記載をしてもらいます。これらの手続きをしないまま日本に滞在していると、法律違反となり、罰則の対象（20万円以下の罰金）となりますので、ご注意ください。外国人が住所を90日以内に届出をしない場合、在留資格の取り消しの対象となる可能性もあります。

　観光や興行などで、３カ月の期間に滞在する人には在留カードは発行されません。外交、公用の在留資格の方も在留カードの対象外です。

●不法滞在者と在留カード

　また、従来の「外国人登録証明書」の扱いと違い、不法滞在者に在留カードが発行されることはありません。３カ月を超えて日本にいるのに在留カードを持っていない場合、原則として不法滞在者とみなされるわけです。もし、警察官から職務質問を受けたときに、在留カードの提示がないとその外国人は、不法滞在と疑われることになります。ID番号として自分の在留カードの番号は、暗記するか財布の中にメモをいれておくなどして、必要なときにすぐに取り出せるようにすることが重要です。日本社会で生活するにあたり、事あるごとに、在留カードの番号とその有効期限を尋ねられますので、ご注意ください。

●在留資格更新申請と在留カード

　外国人が、与えられた在留期間が満了する前、さらに日本において同様の活動を続けようとする場合、在留資格更新申請（94P〜参照）をしなければなりません。一般的にビザの更新 VISA　EXTENTIONと呼ばれるものです。在留資格更新の許可が下りた場合、新しい在留カードが発行されることになります。注意点は新しい在留カードが発行されるたびに、カードの右上に記載されたID番号も変更になることです。（56P参照）

　従来の手続きでは、入国管理局で証印シールを貼ってもらい、それを市町村の窓口に提示し、外国人登録の記載事項を変更してもらうという手続きになっていましたので、大きな手続きの変更となりました。

> 在留カード

在留カードの更新と再入国

●在留カードの更新

　渡された在留カードは、示された期限内であれば有効です。その期限が過ぎる前に、在留を続けたい場合は、更新の申請をします。更新は、通常、在留期限の３カ月前から可能です。申請に対し、許可が出ると、新しい在留カードが渡されます。古い在留カードは、更新時にはいったん返却（提出）しなければなりません。免許証のように古いカードには、パンチで穴が開けられて使えなくなります。穴が開けられた古いカードも返却されます。古いカードに裏書して使うのではありません。日本の運転免許証と同じ方式で、更新のたびに新しいカードとなります。番号も更新のたびに新しいものが与えられます。

　一度、在留カードの発給を受けてしまえば、自分の在留期限と在留カードの有効期限が同じ月日になりますので、自分でも管理しやすくなります。

●在留カードの写真と子どもの在留カード

　在留カードを所有していると、在留資格更新のたびに新しいカードに切り替えなければならず、そのたびに最近撮影した写真（3cm×4cm）を提出しなければなりません。写真は、申請の日から３カ月前以降に撮影したものを提出します。証明写真用に撮影されたものでないと受理をしてもらえません。ただし、16歳未満の子どもに関しては、写真のない在留カード

が発給されます。子どもの場合、16歳に達してからは、在留カードが写真付のものに変更となります。15歳6カ月を過ぎた子どもであれば、写真付きの在留カードへの変更手続きを受け付けてもらえます。

なお、16歳未満の子どもの在留カードの在留期間（満了日）は16歳の誕生日が記載されます。

●永住者と在留カード

なお、永住者については、入国管理局で7年に一度在留カードを作り替える手続きを行わなければなりません。注意が必要なのは、外国人で永住権を取得したあと日本にほとんど住まず、90％以上の期間を外国で過ごしたケースなどです。この場合、永住権の取り消しという制度が改正された入管法には明記されましたので、新しく在留カードが発行されなくなる可能性があります。在留カードはあくまでも生活の基盤を日本に置き、日本で納税義務を果たす外国人のためのカードなのです。

永住者が在留カードの有効期間の更新をしないと、1年以下の懲役または20万円以下の罰金に処せられる可能性があります。

●在留カードに記載される情報

在留カードについては、与えられることになる在留資格に加え、国籍、生年月日、氏名、性別、居住地、資格外活動の有無に関する基本情報のみが記載されることになります。

また、その資格が就労できる資格かどうかが、在留カードの上に明記されることになります。

留学や家族滞在の在留資格を持つ外国人がアルバイトをする場合も、資格外活動許可の記載が在留カードに記載がないと働けません。

在留カードの下部には、そのカードの有効期限が明記されています。

一方、他の在留資格の場合は、一部を除き最大5年の在留期限が在留カードの中に明記されることになります。

　永住者には、7年に1度、その他の在留資格を持つ方には、更新のたびごとに新しい在留カードが与えられます。

在留カード（見本）

ID番号

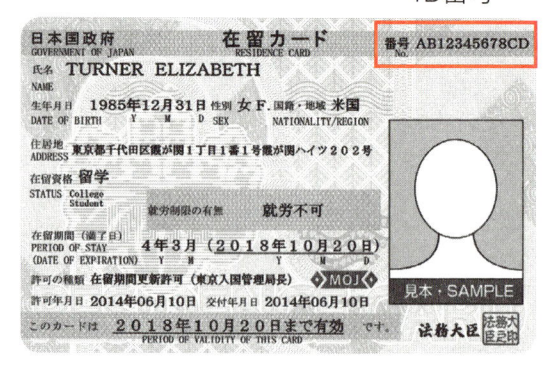

　カードには、ID番号が右上に明記されています。このID番号は、カードが更新されるたびに変更になりますので注意が必要です。

　ID番号は「外国人登録証明書」の番号とは全く別のものとなります。日本にいる限り、このID番号は重要な身分保障の番号なのでご自身で自分の番号は暗記しておくほうがよいでしょう。手数料を払えば、新しい番号に変えた在留カードも発行してもらえます。また、写真が気に入らなければ、新しい写真にした在留カードを発行してもらえます。この場合にも手数料が必要です。

　なお、更新の際には、最近3カ月以内に撮影した3×4cmの顔写真を提出する必要があります。

●在留カードとみなし再入国制度

　在留カードは、再入国許可の中でも活用されます。

　通常の再入国制度は、これまでと同じく存続しますが、有効期限のある在留カードがあると、みなし再入国制度を活用し、出国してから1年以内であれば、そのカードをパスポートとともに提示するだけで、再入国をすることが可能になります。

もし、2014年9月1日に日本を出国するのであれば、帰国が2015年9月1日前ならば、在留カードによるみなし再入国制度が利用できます。

　このケースで、日本への再入国が、2015年9月1日以降になるようなケースでは、1年以上経過しているので、在留カードを提示するだけで許可が出るみなし再入国の制度が利用できません。あらかじめ日本の入国管理局で再入国許可を受けてから出国することになります。これは、従来から存在する方式で、手数料を支払い、証印シールをパスポートに貼ってもらうものです。

　新設された5年の在留期限のある在留カードを持っていれば、その期間内であれば、何度でも日本と外国の出入りが可能です。ただし、出国期間が続けて1年を超えてしまうケースでは、このみなし再入国制度は利用できません。

　なお、再入国許可の有効期間も在留カードの有効期限に合わせて、最大3年から5年となります。

　一度日本から出国しても、従来の再入国許可の証印シールが貼ってあるパスポートがあり、この期間内に日本に戻ってくるのであれば、在留資格を失うことはありません。

　ただし、正当な理由がなく日本人の配偶者等が、長期間夫婦別居しているようなケースだと、再入国が認められたとしてもその後、在留資格の取消しになることがありますのでご注意ください。

●入国と在留カードの発行

　外国人でも短期滞在の在留資格や3カ月以内の在留資格しか与えられない人には、在留カードは発行されません。

　短期滞在の延長が後で認められて、日本での滞在が3カ月を超えたとしても短期滞在の場合は、従来どおり証印シールでの対応となります。在留期間が90日で、教育や特定活動などの在留資格が与えられるケースも同様

にパスポート上に貼る証印シールでの対応となります。

　一方、3カ月を超えた在留資格が与えられた外国人の場合は、原則として在留カードが発行されます。

　ただし、制度がスタートしたばかりの当面は、成田、羽田、中部と関西国際空国でのみ在留カードの即時配布となります。その他の、空港や港から日本に入国した場合は、本人のパスポートに在留カード後日交付というシールが貼られます。

在留カードと在留管理制度

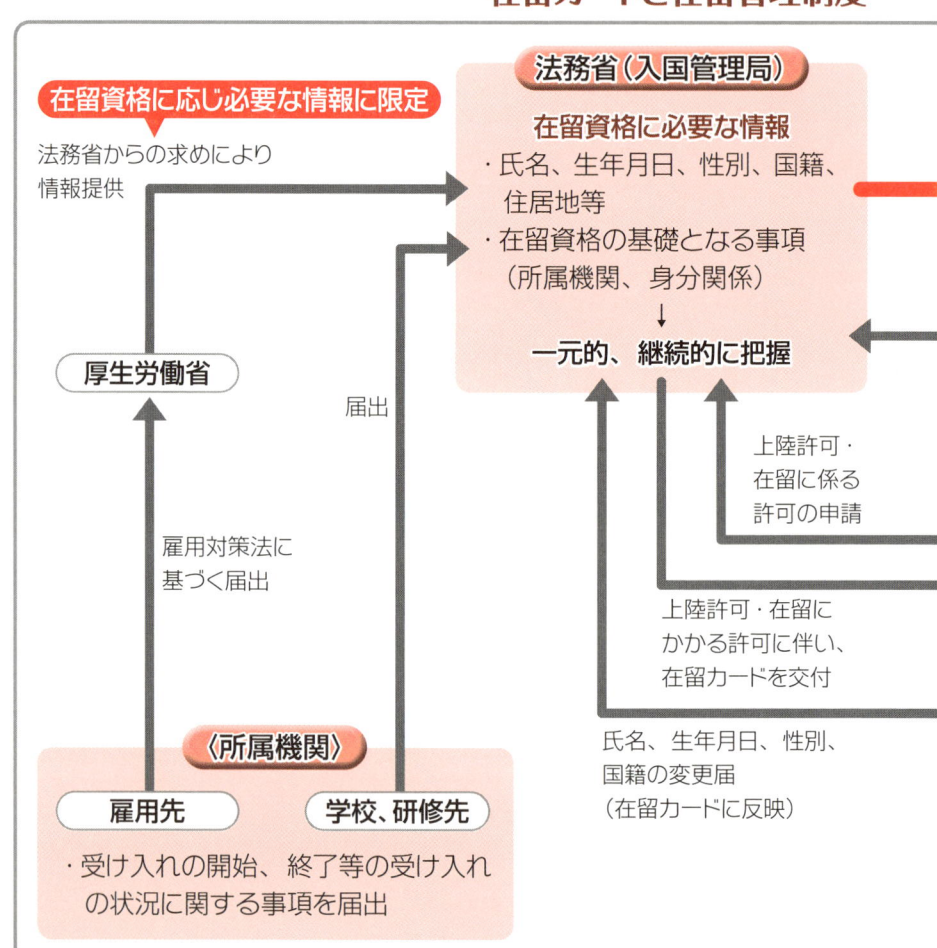

法務省（入国管理局）

在留資格に必要な情報
- 氏名、生年月日、性別、国籍、住居地等
- 在留資格の基礎となる事項（所属機関、身分関係）
↓
一元的、継続的に把握

在留資格に応じ必要な情報に限定

法務省からの求めにより情報提供

厚生労働省

雇用対策法に基づく届出

届出

〈所属機関〉
- 雇用先
- 学校、研修先

・受け入れの開始、終了等の受け入れの状況に関する事項を届出

上陸許可・在留に係る許可の申請

上陸許可・在留にかかる許可に伴い、在留カードを交付

氏名、生年月日、性別、国籍の変更届（在留カードに反映）

後日、在留カードが、本人の元に郵便書留で送られてくるのですが、その前提として、外国人が、市区町村の窓口にパスポート（在留カードは後日交付というシールがはられたもの）を持参して、転入の届出を行わなくてはなりません。この手続きをすると、住所情報がコンピュータ上で定期的に入国管理局に送られ、そのデータを元に、外国人の住所に在留カードが届くことになります。

（在留資格をもって中長期間在留する外国人を対象）

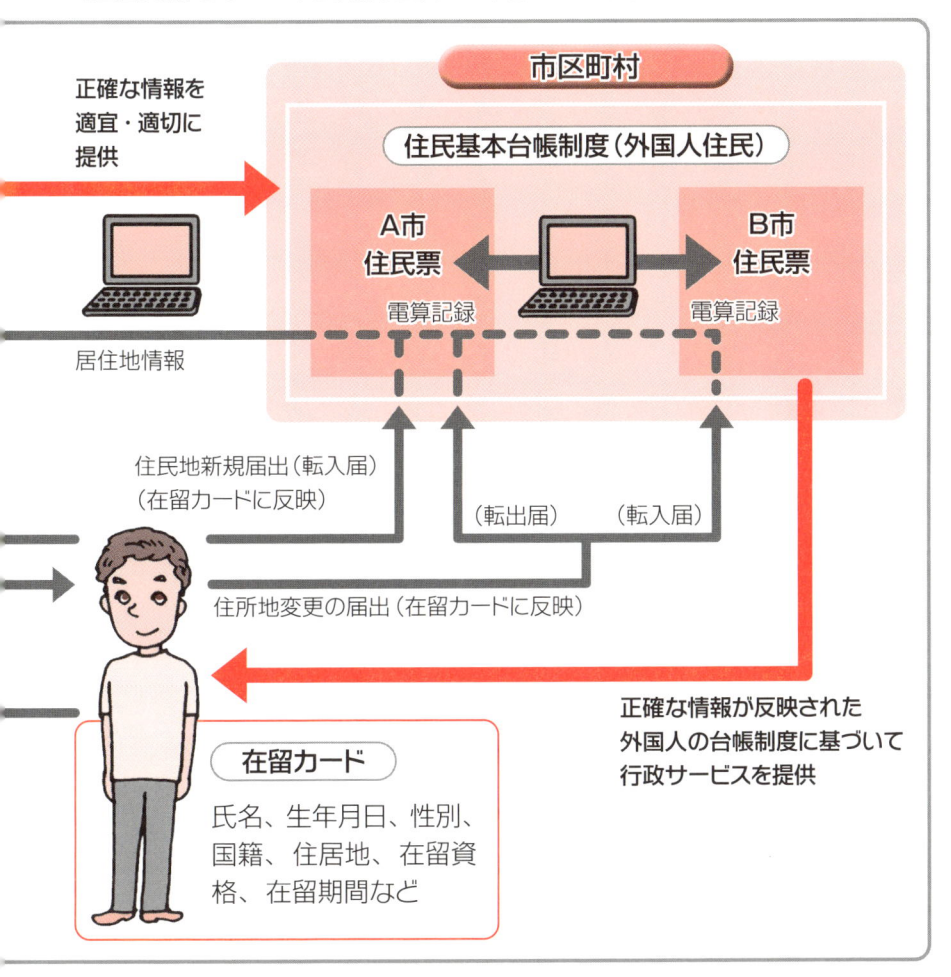

市区町村

住民基本台帳制度（外国人住民）

A市 住民票　　B市 住民票
電算記録　　　電算記録

正確な情報を適宜・適切に提供

居住地情報

住民地新規届出（転入届）
（在留カードに反映）

（転出届）　（転入届）

住所地変更の届出（在留カードに反映）

正確な情報が反映された外国人の台帳制度に基づいて行政サービスを提供

在留カード
氏名、生年月日、性別、国籍、住居地、在留資格、在留期間など

第2章　外国人の入国（在留資格と在留カード）

在留カード

在留カードと市区町村窓口

　外国人が初めて日本に入国をして、居住地を定めたら在留カードを持参して住むことになる市区町村の窓口に行き、外国人住民転入届を提出します。ここで、住所欄に記載がされます。一方、在留カードが後日交付になる外国人は、居住地を届けることで、市区町村がそのデータを入国管理局に流し、入国管理局より後日外国人の居住地に書留で在留カードが送られてくることになります。在留カードの有効期限内に引っ越しをしたときなどは、入国管理局ではなく、各市区町村への届けが必要になります。

● **住民税について**

　在留カードに記載されている住所地に、1月1日現在で住んでいることが明らかな場合、外国人も日本人と同様に住民税の納税義務が発生します。この市区町村の住民税の支払義務を履行しない場合、その後の在留資格更新や変更、永住権の申請許可を得ることが厳しくなります。個人事業主で業務委託契約にて生計を維持するなど企業の健康保険に入っていない場合、住所を定めた市区町村の国民健康保険への加入義務も生じます。

　2012年7月9日の住民基本台帳法の改正により、外国人にも住民票が発行されることになりました。従来の外国人登録記載事項証明書は、市区町村から発行されなくなりました。

● **住民票と住基カードについて**

　一方、市区町村窓口では、日本人と外国人とで構成される世帯（国際結

婚により日本で暮らす家族のケース）は、世帯全員が記載された証明書（住民票の写し）が発行可能です。在留カードが発行された外国人の住民票には、在留カードに記載されている在留資格、在留期間及び在留期間の満了日、在留カードの番号、中長期在留者であることが、基本情報として記載されます。従来の外国人登録記載事項証明書との大きな違いは、登録事項とされていた国籍の属する国の住所、居所、出生地、職業、旅券番号の情報が、住民票には記載されないということです。

　外国人の場合、在留資格があっても家族の事情などで、長期間祖国へ帰ることがあります。その場合は、再入国許可を得ている場合でも、原則として市区町村の窓口で転出の届出をする必要があります。外国人が日本国内で引っ越しをした場合でも、転出地の市区町村に転出届をして転出証明書の交付を受けた後、転入先の市区町村で転出証明書を添えて転入届をすることになります。なお、在留資格の変更手続き、更新手続き、永住権の申請手続きを行う際にも、外国人が住民票の写しを提出することが求められるケースもありますので、常に正しい情報を市区町村に届けておくことが必要です。

　従来の日本の住民基本台帳法では、外国人住民は世帯主にはなれませんでした。2012年7月の法律の改正により、外国人住民も住民票が作成され、外国人を世帯主にすることも可能になりました。ご主人が外国人で、奥様が日本人というケースで、外国人のご主人を世帯主としての住民票の登録も可能となります。

　なお、2013年7月からは、外国人でも住基ネットに加えられましたので、住基カードも作ることができるようになります。これにより、外国人は、在留カードと住基カードという2つの写真入IDカードを所持できるようになります。今後、2016年から「住基カード」は「マイナンバーカード」へと

バトンタッチされることになります。

●日本で出生した外国人の在留カード

　日本で外国人夫婦から生まれた子どもの場合、出生から30日以内に地方入国管理局において在留資格の取得を行うことが必要です。

　まず、住所地の市区町村において出生届を提出します。この段階で、外国人の世帯の住民票に子どもの名前や生年月日も記載されます。その届けを証明資料として入国管理局で手続きをすると在留カードが発給されます。

　特殊な事例として、在日アメリカ軍関係者が退官し、日本の企業に働くようになった場合なども、新規に在留カード発行の対象となることがあります。

Column

マイナンバー制度と外国人

　2013年5月に、「行政手続きにおける特定の個人を識別するための番号の利用等に関する法律」（マイナンバー法）が成立しました。この法律は日本人だけのものではなく、日本に在住し、在留カードを所持する外国人及び日本に登録する外資系企業にも関係するものです。

　2016年1月から、希望する外国人にも新しいIDカードとして顔写真付きの個人番号カードが配布されます。この制度が2016年1月から運用されると、入国管理局もこの管理画面をすべて見ることができるので、入国管理局は業務の流れの中で外国人の所得税、住民税の納税状況や社会保険料の納付状況等を把握することになります。

　マイナンバーの管理画面上で、外国人が税金や保険料の納付義務を果たしていないことが明らかになれば、将来の在留資格更新・変更に加えて、永住権の申請についても不利益が生じることになりそうです。

在留カード

在留カードと地方入国管理局

第2章 外国人の入国（在留資格と在留カード）

　在留カードで記載事項に変更があったときには、住所関連情報を除き、地方入国管理局の窓口で変更の届けを提出します。届出が必要になる変更情報とは、氏名、国籍などです。もし、在留カードを失くした場合は、再交付の申請を地方入国管理局で行うことができます。さらに、自分の就職や身分関係に何か変化が生じたらすぐに入国管理局に報告を行い、データを書き換えてもらわなくてはいけません。

●在留資格の変更があったらそのままにしない

　とくに重要な点は、在留資格の変更です。基本的に、会社を退職して3カ月経過して、他の企業に転職しないでいると在留資格が取消しの対象になり、在留カードも無効とされる可能性があります。企業が、ハローワークへ電子送信の方法を使って、外国人の就職と退職の情報を提供しなければなりません。情報提供の義務化が雇用対策法で定められています。

　雇用対策法の「外国人雇用状況の届出事項等」では、外国人社員の生年月日、性別、国籍、資格外活動の許可の有無、住所、雇い入れまたは離職に係る事業所の名称、及び所在地、賃金その他の雇用状況に関する事項を入力する必要があります。

●外国人が退職したら10日以内にハローワークに知らせる

　本人が届出をしなくても雇用対策法で、企業は、退職した外国人社員の情報をハローワークに10日以内に提供する義務があります。この義務の中

には、外国人の在留カードの番号（ID番号）も含まれており、ハローワークからオンラインで入国管理局に月に1度の割合で外国人の就労と退職の情報が伝わります。企業に対する罰則（罰金30万円）の運用も強化される予定ですので、かなりの確率で、この外国人社員の退職に関する情報は、入国管理局に流れるようになります。

●離婚や死別をしたら14日以内に入国管理局に届け出る

　身分系でも、離婚した場合には14日以内に入国管理局にその事実を伝えなくてはいけません。この規定にもかかわらず、その事実を本人が6カ月以内に、入国管理局に伝えていないと、在留資格の取り消しの対象になります。市区町村に離婚届を出していれば、『日本人の配偶者等』としての在留資格を失うことになります。ただし、日本国籍の子どもの親権があり、日本で生活をしなければならない必要性があれば、『定住者』への在留資格変更が認められる可能性はあります。結婚した期間が3年以上あるケースなどで、経済力、生計維持能力のある外国人については、在留資格変更が認められる可能性があります。このような場合は、在留資格の変更手続きをして新しい『定住者』としての在留カードを取得することになります。

　また、外国人が日本人と死別した場合などでも、戸籍謄本等の証明資料を添付して14日以内に地方入国管理局に届けなければなりません。

　離婚をしていなくても、別居の事実がある場合にも、その件に関しても報告の必要があります。正当な理由がなく、別居を6カ月以上しているケースは偽装結婚とみなされ、在留資格の取り消しの対象になります。この場合の正当な理由とは、DV（家庭内暴力）を理由とする場合などです。

　正直に退職の情報を入国管理局に報告しないと、素行不良として日本に滞在することが厳しくなることを、あらかじめ理解しておきましょう。

　『日本人の配偶者等』から他の就労可能な在留資格へ変更することが困難な外国人については、残念ながら帰国してもらうしかありません。

> 在留カード

企業と在留カード

　新しく外国人を雇用した企業、外国人学生を受け入れた学校もその外国人の情報を届けなければなりません。

　これは、2012年の入管法改正で新しく登場した義務です。在留資格が日本人配偶者として働いていた外国人が、その在留資格が取り消しになり、働くことが違法となるケースもあるからです。

　企業側は、雇用、役員就任、解雇退職に関する情報をその事実が発生してから14日以内（入管法に基づき）に地方入国管理局に届け出なくてはなりません。この届出に関しては、出頭のほか、電子送信、郵送によっても認められることになりました。（郵送先　〒108-8255　東京都港区港南5-5-30　東京入国管理局　在留管理情報部門　届出受付担当）

●人事労務担当者が求められるもの

　従来とは違い、在留途中の転職、退職、転校、退学、離婚もすべて届け出の義務になります。届出を怠ると日本での在留資格が取り消しになる可能性があります。

　実務の上で、企業の労務担当者に求められるのは、在留カードの番号と記載情報の管理です。例えば、外国人社員が他県にある他の事業所に配属先を変えて、居住地も変えたのに、会社側でその手続きを入国管理局に届けていないと管理責任を問われることになります。

　労務担当者は、日本国内で使用する外国人の情報で、在留カードに記載

されている内容については、正確に情報を入手し、保存することが求められます。同時に、ハローワークまたは入国管理局への報告義務を果たしていないと、企業としての信用度が落ちて、以後の外国人雇用のための在留資格取得の実務が厳しくなります。　企業そのものがブラックリストとなるケースもあるのです。

●雇用対策法でハローワークへの情報提供が義務づけられている

　直接、入国管理局にする手続きではないですが、企業は外国人社員情報を、ハローワークのホームページから電子通信の手法で登録し、就職の場合も、退職の場合もその事実と正確な日にちを伝えなければなりません。この義務は、「**雇用対策法**」に規定されており、オンラインで、入国管理局にもその情報が流れることになります。そのため、正しい情報を常に届け出ていないと、ブラック企業という評価を受ける可能性があり、将来外国人を雇用し、在留資格を取得していくことが困難になることもあります。

●ハローワークへの報告と入国管理局への報告の判断

　企業は外国人社員の在留資格に関する情報の報告を、「ハローワーク」にするのか、「入国管理局」にするのかの判断が必要となります。

　就労と退職の年月日の報告をハローワークへの電子通信の方法で登録手続きを行っていれば、入国管理局に報告する必要はありません。

　ハローワークに送られた情報は厚生労働省から月に一度、入国管理局に伝送されているので最終的には入国管理局に届きます。この場合には「雇用対策法」の規定に基づき報告期限は発生してから10日間以内となります。
　一方、ハローワークへの電子通信報告をしていないような個人事業主、あるいは外国人が自分で個人事業主になったようなケース、あるいは役員就任などの場合には、自分で入国管理局に出頭するか、郵送にて届出をす

る必要があります。この場合には「入管法」に基づき14日間以内に報告する必要があります。「雇用対策法」の日数と「入管法」での日数が異なるのでご注意ください。ただ、いずれの方法であっても報告を怠らないことが大切です。

● **不法就労について**

不法就労に対しては今後も厳しい処罰が課されることになります。採用段階で、在留カードを所持していない外国人や資格外活動の届けを出さず、就労できる資格をもっていない外国人を雇用したケースなどは、不法就労助長罪の処罰を受けます。トラブルを避けるため、外国人との労働契約の内容については、文書により契約書を交わすことが、入国管理局側から求められています。どの雇用契約が、どの在留資格に該当する契約か整理し、行政サイドに提示できるようにしなくてはなりません。

● **証明書としての在留カード**

外国人が日本で生活をするようになると様々な局面で、自分が正当に日本に在留していることを証明しなければなりません。例えば、銀行の口座を開設するときにも在留カードの提示を求められますし、携帯電話（プリペイドを除く）の契約や、部屋を借りたりという不動産の契約時などにも重要な証明カードの役割をはたします。在留カードには、高度な偽装防止の技術が入ったICチップが使用されていますので、IDカードとしての信用度も高くなります。

在留カードは法律により、携帯・提示義務があり、役所の窓口での本人確認に使われるだけではなく、日本の防犯の目的から警察官から提示を求められる場合もあります。 もし、所持していないと20万円以下の罰金に処せられます。また、犯罪者と疑われる可能性もありますので注意が必要です。とくに、大都市のターミナルでは、私服警官の職務質問が頻繁に行われていますので、必ず在留カードを携帯するようにしてください。なお、16歳

未満の外国人には携帯の義務は発生しません。

　在留カードの番号は、自宅等に控えを持っておくと便利です。
　万が一、カードを紛失しても番号を控えておくことで速やかに再発行の手続きを受けることができます。ただし、再発行を希望する場合は、決められた手数料を支払わなくてはなりません。入管法では、在留カードを紛失した場合、その事実を知った日から14日以内に在留カードの再交付を申請しなければいけないことが明記されています。
　在留カードを失くしてしまった場合でも再発行されるので安心です。その一方で、携帯義務を怠ると前述の通り、20万円以下の罰金刑になることがありますのでご注意ください。
　もちろん偽装した在留カードを所持していると厳しい罰則があり、国外退去処分につながることもあります。日本で生活する外国人にとって、自分と家族の命の次に大切なのが、在留カードとパスポートであることを忘れないようにしましょう。

Column

在留カードの対象にならない人とは？

　2012年7月からスタートした新しい在留管理制度のなかで、在留カードの対象とならない外国人は以下の①〜⑥に該当する人です。
　①3カ月以下の在留期間が決定された人
　②短期滞在の在留資格が決定された人
　③「外交」または「公用」の在留資格が決定された人
　④これらの外国人に準ずるものとして法務省令で定める人
　⑤特別永住者
　⑥在留資格を有しない人

第3章

外国人の入社と届出

外国人採用の注意点
外国人を採用する際に心がけたいこと

●外国人とは文書で雇用契約を結ばなくてはいけない

　外国人を採用する際、文書で雇用契約を結ばなくてはいけないことは雇用対策法に明記されており、企業は法令を遵守する必要があります。

　外国人と雇用契約を結ぶにあたっては、以下の5点を明示する必要があります。在留資格更新の際には、そのコピーを入国管理局に提出しなければなりません。入国管理局は、労働基準法第15条1項および同法施行規則第5条に基づき労働者に交付される労働条件を明示する文書を求めてきます。この契約書の内容に不備がある場合、労働基準法の定めに達していないと判断されると在留資格の取得は厳しくなるので注意が必要です。労働契約の内容として①～⑤を明記しなくてはなりません。

①**労働契約の期間**
②**就業の場所、従事すべき業務**
③**始業・就業の時刻、所定労働時間を超える労働の有無、休憩時間、休日、休暇**
④**賃金、賃金の計算及び支払い方法、賃金の締切日、支払いの時期、昇給に関する事項**
⑤**退職に関する事項**

●外国人の住民登録と在留カード

　日本に90日以上在留する外国人については、住民登録をすることが義務

付けられています。(191P～参照) 2012年7月以降、在留カードが登場したため、外国人登録証明書は発行されなくなりました。全てが切り替え終わるまで約3年かかるので、2015年7月9日を過ぎると全て在留カードになる予定です。在留カードになっても外国人の住民登録は従来どおり、居住地の市区町村で行います。この根拠は住民基本台帳法です。

転入届による住民登録が済むと、2012年7月以降は外国人にも「**住民票**」が発行されます。企業の担当者も記載内容の確認をしておく必要があります。「在留カード」を所有している外国人は、「在留カード」を常時携帯する必要があると入管法に規定されています。

「在留カード」は、入国管理局が情報の一元管理をするので、市区町村は役割が変わります。ただし、住所変更の手続きについては、市区町村の役場経由となり、専用のオンラインで情報のキャッチボールが行われます。

●採用面接の際には必ず「在留カード」の実物の確認を

採用の面接をするときには、この「在留カード」(56P参照) の実物を確認するようにしてください。2012年7月以降は順次在留カードに切り替わっているので、人事担当者は「みなし在留カードの外国人登録証」、「在留カード」の有効期間に注意する必要があります。

もし、在留カードの所有が確認できない場合には、企業としてその外国人を採用することはできません。また、『留学』や『家族滞在』の在留資格しかない外国人を正社員としてフルタイムで働かせることも禁止されています。入国管理局がこの事実を見つけると、その外国人の在留資格の更新が不許可となることがあります。

企業の実務担当者は、採用面接の際に、外国人が所有する在留カードの実物を確認する習慣をつけておいてください。不法滞在をしている外国人が、書類を偽造して就職をしようとすることも考えられるからです。

また、在留資格を持っていたとしても、就労できる職務内容や業務の範囲が決められており、外国人に求められる経歴や、必要とされる会社の業

務内容も異なります。

　外国人の雇用に関しては、旅券または在留カードにより、「**①在留資格**」「**②在留期間**」「**③在留期限**」を確認することがポイントになります。なお、暫定的に有効期限のある時に限り「外国人登録証明書」をみなし在留カードとすることとなっています。

　企業がうっかり在留カードの記載内容について確認を怠ると、不法就労助長罪の疑いを入国管理局から受ける可能性もあるので、注意が必要です。

Column

技能実習について

　次のいずれかに該当する活動を『技能実習』といいます。対象業務は約70種類あり、例外的に単純労働系の仕事も認められています。

(1)「講習会による知識習得活動」及び「雇用契約に基づく技能等習得活動」

(2) (1)の活動に従事して、技能等を修得した外国人が、さらに習熟するため、雇用契約に基づき修得した技能等を要する業務に従事する活動

　(1)と(2)の技能実習は、受け入れ形態によってイ・ロの2種類に分かれます。

イ．海外にある合併企業等、事業上の関係を有する企業の社員を受け入れて行う活動(企業単独型)

ロ．商工会等の営利を目的としない団体の責任及び監理の下で行う活動（団体監理型）

　『技能実習』については、その大半のケースを公益財団法人国際研修協力機構が取り扱っています。

　詳しくは、http://www.jitco.or.jp/　をご覧ください。

※単純労働系の仕事は、現在は受け入れが3年に制限されていますが、「建築業」など人手不足に悩む業界の強い要望で、2015年4月より一部5年まで延長可能になることが計画されています。

外国人採用の注意点

外国人を採用する際の具体的なチェックポイント

外国人を採用するにあたって、日本人とは、違う視点でその人材の状況把握をする必要があります。なぜなら、入国管理局へ在留資格の申請をした場合、就労の在留資格取得ができるタイプと、申請が、不許可になり、採用が不可能となるタイプがあるからです。外国人であれば、誰でもいいというような視点ではなく、どのような知識を持った人材にどういう業務を担当してもらうのか、入国管理局の審査基準を満たすだけの明確なビジョンを持って採用の業務を進めることが重要です。以下に挙げる7つの項目は、外国人の採用を決める際に必ずチェックすべきポイントです。

チェック1　前職の退職後の空白期間に注意する

外国人が失業しても在留資格の満了日までは、在留資格は有効なのですが、その外国人が正当な理由なく就労していない状態が、3カ月を超えている場合、在留資格が取り消されてしまうことがあります。このような状況にある外国人を採用しようとする場合、適正な届けがされていないことが分かると素行不良とみなされ、在留資格更新ができなくなる可能性もあります。その空白期間にこの外国人が、生計を維持するため何をしていたのかを把握する必要があります。もし無届けで飲食店のアルバイト等をしていたようなケースは、厳しい判断をされる可能性が高いということを理解しましょう。

チェック2　経歴の確認をする

　外国人は、就職をしたいがために、卒業をしていない大学の名前を履歴書に書いたりするケースもあります。必ず、卒業証書ないし、卒業証明書のコピーを入手しましょう。性善説で、外国人のいう言葉を面談ですべて信じてしまうと、在留資格の申請の際に、大学卒業程度の学力を証明する資料がないため、申請が不許可になることがあります。

チェック3　外国人の日本での目標を確認する

　外国人を採用する場合、その人材が、なぜ、日本にある企業を希望し、将来は、どのような業務を担当していきたいのかという目標を確認するようにしましょう。どのぐらいの期間日本に在留し、生活を続けていくつもりかについても質問すべきポイントです。ただ、給料のいい企業に就職したいという価値観の持ち主だと、すぐに辞めてしまいます。お金の問題には、ドライな外国人が多いということを理解しましょう。

チェック4　学生時代の生活について確認する

　外国人の場合、留学の資格から就職をするときに、その学生時代の素行も問題になります。一番危険なのは、学生時代に学校にあまり行かず、アルバイトを規定の週28時間を超えて行っていたような人材です。働くことに熱心ともいえますが、入国管理局の目からは、素行不良の人間という評価を受け、在留資格の変更申請が、不許可になる可能性が高いです。

　学生時代に日本にいた場合、真面目に学校で勉強をしていたかどうかが、審査の上でも重要なポイントとなりますので、この点採用面接のときには、十分に質問し、成績表を提出してもらうなどして、入管法違反となるような問題がないことを確認した上で内定を出すようにしましょう。

チェック5　入社後どのような仕事をしてもらうのかを明らかにする

　日本では、政府の方針もあり、単純労働ではなく、高度人材と認定されるような仕事に就く外国人を歓迎しています。そのため、コンピュータの知識を駆使して、IT技術者として活躍が期待できる人材に関しては、在留資格が取りやすいですが、単純な事務のように、誰でもできるものや、工場のラインで働くことなどは、単純作業とみなされ、在留資格が出ない仕事に該当します。もし、将来的に、海外において業務を担当してもらうときは、その旨をあらかじめ伝えておきましょう。

チェック6　外国人の日本語の能力を確かめる

　業務の中で、日本語が必要な場合、どの程度の日本語能力があるのかを確かめてから採用するようにしましょう。話すのがうまくとも、まったく日本語が読めないケースもあります。少なくとも最低限、業務に支障が出ない程度に日本語が使える人材でないと、問題が起きることが多いです。

チェック7　過去の職歴を確認する

　外国人が、いままでまったく違う職種の仕事をしていた場合や、日本に来る際に、今後担当する業務について全く知識がない場合などは、入国管理局も採用理由として疑念を抱くことになります。過去の経歴と何らかの関連性がないと、その人材が、日本で働く意味や理由付けが希薄になってしまいます。この点に注意して、採用すべき人材を絞り込むことが重要です。

外国人採用の注意点

外国人を採用した後に注意したいこと

●トラブルになりやすい労働保険や社会保険の加入問題

　外国人を採用するときには、労働基準法15条で定められた内容の雇用契約書を作成していることが必要です。この雇用契約書は形式的ではなく書かれた内容を守るよう企業の実務担当者は心がけるようにしてください。よく実務上トラブルになるのは、労働保険や社会保険加入の問題です。

　外国人労働者を雇用した場合でも、事業主は保険の加入手続きをとり、保険料を納めることが義務付けられています。さらに、労災保険についても、日本国内の事業所に雇用される労働者であれば、外国人であっても国籍を問わず適用となります。なお、注意点は、外国人の場合、「資格取得の日」が、入国管理局から「就労資格」を与えられた日になります。

　そして、提出書類の中に、在留カードのコピーまたは住民票の写しも必要になります。

●在留資格の更新の際に必要な健康保険証のコピー

　社会保険の適用事業所で働いている場合、外国人の労働者も日本人と同じく「被保険者」になります。2010年4月から、外国人の在留資格の更新の際、健康保険証(カード)のコピーを提出することが努力義務となりました。

　2016年のマイナンバー制度開始により、義務化される可能性が高く、社会保険の未加入イコール在留資格更新の不許可になるケースも想定されます。この制度変更を説明しておかないとトラブル発生の源となります。

●外国人には「脱退一時金制度」がある

なお、外国人の場合は、厚生年金保険には「脱退一時金制度」があり、条件を満たすと会社をやめてから帰国した後に脱退一時金が支払われます。外国人が脱退一時金の支給を受けようとするときは、出国後2年以内に請求書に必要書類を添えて社会保険業務センターに郵送します。厚生年金の加入に難色を示す外国人も多いのですが、法律で決まっている義務として、説明をするようにしてください。

●国籍によって労働条件を差別するのは禁じられている

企業にとって重要なことは、外国人を採用した場合、その者の国籍を理由として労働条件について差別しないことです。これは、労働基準法3条の均等待遇の原則に違反することになります。残念ながら、この原則を守れない企業が多く、社会問題になっているのも事実です。国際的な人権問題になってからでは遅いという認識をもっていただきたいです。

●外国人の税金について

外国人労働者の課税について、事業者が外国人労働者に対して給与を支払う場合は、所得税の源泉徴収を行う必要があります。

日本に居住する場合、事業主は外国人労働者から「給与所得者の扶養控除等申告書」を受けて、給与等を支払う都度、扶養する親族等の数に応じて「給与所得の源泉徴収税額表」によって税額を算出して源泉徴収を行います。その年の最後の給与の支払いを行う際に「年末調整」によって、その外国人が納付する所得税の清算を行います。

なお、外国人が単身で日本において仕事をしているケースでは、扶養家族が本国にいる旨を記した「給与所得者の扶養控除申告書」を提出することで扶養家族として認められます。

一方、住民税については、その外国人が1月1日現在、居住者として日本

に住んでいた場合には、「納税義務者」として扱われます。住民税額は、前年の課税状況を参考にして、4月以降に各市町村で決定され、当該外国人にも通知されます。

●日本の文化や習慣の違いを丁寧に教えること

　外国人を雇用する際のポイントとして、文化の違いを丁寧に教えることが重要な意味を持ちます。例えば、朝礼のような習慣がない文化も多いわけですから、なぜそのような習慣があるのか、どのような効果が期待できるのかなどをわかりやすい解説をすることも、企業の担当者に求められる実務の一つではないでしょうか。雇用保険や労災保険等は社会保険労務士に各種税金については税理士に、人権的な紛争については弁護士に相談しましょう。(例：弁護士会三田外国人法律相談センター　03-6435-3040　東京都港区芝4-3-11　本芝ビル2階)

●在留期間を延長したいときは更新手続きをする

　在留期間を延長したいときは、「在留期間更新許可申請」をします。この許可が下りると、現在の期間が満了した後も、続けて日本に滞在することが可能となります。申請は、在留期間の切れる前に、証明写真や申請書、証明資料を持参し、外国人の居住する地区を管轄する入国管理局で行います。この申請は、約3カ月前から受け付けてもらえます。問題がなければ、4週間前後に許可が下り、在留カードは新しいものに切り替わります。

　また、「**雇用対策法及び地域雇用開発促進法の一部を改正する法律**」によって、外国人を雇用する企業は外国人社員の雇用または離職のときに、氏名、在留資格、在留期間について確認し、ハローワークへ届け出ることが義務付けられています。2007年10月1日以前の段階で雇用している外国人についても届出の対象となります。もし、届出を怠ったり、虚偽の届出を行うと30万円以下の罰金の対象となりますので注意が必要です。この届出は、「外国人雇用状況の届出」という名称で、電子送信により手続きできます。

外国人採用の注意点
不法就労者を雇うと会社も罰せられる

　不法就労とは、不法に入国したり、在留期間を超えて不法に残留したりするなどして、正規の在留資格を持たない外国人の行なう就労をいいます。

　また、正規の在留資格を持っている外国人でも、許可を受けないで在留資格で認められた活動の範囲を超えて行なう就労については、不法就労に該当します。

　例えば、留学生が学校に行かず、フルタイムで特定の企業で働き続けているような場合も不法就労となります。企業が間違えやすいのは『家族滞在』の在留資格を持っている外国人についてです。「1週間に28時間まで」しか働かせることはできません。フルタイムで雇用してしまうと入管法違反となります。

　企業の人事担当者は、外国人と面接した際に在留カードを提示してもらい、そのままの在留資格で働くことができるのか、変更申請をすれば働くことが可能なのかをチェックしなくてはなりません。

　なお、不法就労の外国人を雇用していた場合、雇用主（企業）にも罰則が適用される場合があるので注意が必要です。入管法の73条の2には、「**不法就労助長罪**」が定められています。この法律では、
・事業活動に関し、外国人に不法就労活動させた者
・外国人に不法就労活動をさせるためにこれを自分の支配下に置いた者
・事業として、外国人に不法就労活動をさせる行為又は行為に関しあっせんした者

第3章　外国人の入社と届出

を処罰の対象としており、3年以下の懲役または300万円以下の罰金またはその併科（両方）が規定されています。

不法就労外国人を雇用した事業主が、不法就労にあたることを知らなかった場合でも、過失がない場合を除き処罰を免れませんので、とくに注意が必要です。

採用者（企業）は採用した者が不法就労者であることがわかった場合に、それを理由として解雇しても解雇権の濫用にはあたらないと一般的には考えられております。

在留カードを所持していないということは働いてはいけないということです（例外的に3月の就労系在留資格では、在留カードは発行されません）。

なお、留学生のアルバイトについては事前に入国管理局に資格外活動の許可を受ける必要があります。在留カードに資格外活動の許可があるかどうかを確認しなければなりません。

資格外活動の許可を受けていればアルバイトをすること自体に問題はありませんが（職務内容については風俗営業のアルバイトは認められておりませんが、一般的な単純労働・肉体労働は認められています）、資格外活動の許可時間に制限があるので雇用主は時間管理については十分な管理が必要となります。また、アルバイト社員の雇用の場合についても、「外国人雇用状況」の届け出をハローワークに行う対象となっています。

アルバイト社員を雇用する場合、在留カードの裏面一番下に、①**「許可（原則28時間以内・風俗営業等の従事を除く）」**、②**「許可（資格外活動許可書に記載された範囲内の活動）」**のいずれかの記載があると雇用することができます。

外国人採用の注意点

アルバイトなどを雇うときに注意したいこと

●留学生などをアルバイトで雇用する場合

　例えば、一般企業において『技術』の資格で働いている社員が、英会話スクールで英語の教師を週に1度するような場合は、『人文知識・国際業務』の資格で、英会話スクールでの活動については『資格外活動』の許可を得なくてはなりません。『資格外活動』の許可も新しい入国管理法では、在留カードに明記されます。

　このように「在留資格」に関する活動を行いつつも在留資格で許されているもの以外の活動で収入を伴うものを副次的に行う場合、資格外活動の許可が必要となります。

　一番多いのは、留学生がコンビニエンスストアやファミリーレストランなどでアルバイトをするケースです。

　2012年7月9日、『留学』の在留資格を決定され、新しく日本に上陸した留学生は、上陸した際に、資格外活動許可を上陸の許可を受けた空港等ですぐに受けることが可能になりました。

　資格外活動許可は、留学生については勤務先を特定しなくても事前に申請できます。これに対して、他の在留資格で入国している外国人は、就職先が内定してから申請をすることになります。

　留学生を企業がアルバイトで使う場合、週28時間を限度としなければな

第3章　外国人の入社と届出

りません。この場合、勤務先や時間帯を特定することなく、包括的な資格外活動許可が与えられます。包括的許可とは、1週間に28時間以内であること及び活動場所において、風俗営業等が営まれていないことを条件として企業等の名称、所在地、及び業務内容等を指定しない場合のことをいいます。包括的許可が受けられる場合として、『留学』または『家族滞在』の在留資格をもって在留する場合があります。さらに、日本の大学や専門学校を卒業して、卒業より前から行っている就職活動を継続する『特定活動』の在留資格の該当者もこのケースでアルバイトができます。

このケースでは、学んでいた教育機関からの推薦状に資格外活動許可に係る記載があることが前提です。

大学に通っている留学生の場合、夏休みなどの長期休業期間は1日8時間まで働いてもらうことが可能です。雇用主は、違反がないように学生の長期休暇の日程を知っておくことが必要です。

アルバイトの留学生に働いてもらう場合、企業の人事担当者は「資格外活動許可」を受けているかどうかを確認することが重要です。在留カードに資格外活動の許可について明示されています。

なお、『永住者』、『日本人の配偶者等』、『定住者』の在留資格を有する外国人については就労の制限はありませんので、資格外活動許可を受けることなく働いてもらうことが可能です。

●**資格外活動で雇用する場合の注意点**

正規の在留資格を持っている外国人でも、許可を受けないで在留資格で認められた活動の範囲を超えて行う就労については、不法就労に該当します。例えば、外資系のIT技術者が、夜はミュージシャンやバーテンダーとして報酬を得ることはできません。

留学生が学校に行かず、フルタイムで特定の企業で働き続けているような場合も不法就労となります。実際、フルタイムで居酒屋のアルバイトをして学校へほとんど行かなくなり『留学』の在留資格を失う外国人もいます。

企業が間違えやすいのは『家族滞在』の在留資格を持っている外国人についてです。「1週間に28時間まで」しか働かせることはできません。企業がこれらの人をフルタイムで雇用してしまうと入管法違反となります。実際、企業の担当者が『家族滞在』の時間制限の知識がないために、フルタイムで外国人を働かせてしまうケースが多く、その後、その外国人の在留資格更新等で問題となることがあります。とくに永住権を家族で申請した際に、その外国人の配偶者が『家族滞在』の在留資格なのに、フルタイムで長年働いていることが源泉徴収等の調査により発覚し、不許可になったケースも報告されています。

企業の人事担当者は、外国人と面接した際に在留カードを提示してもらい、そのままの在留資格で働くことができるのか、変更申請をすれば働くことが可能なのかをチェックしなくてはなりません。一部に例外的に『技術』の在留資格を持つ外国人が、日本語能力もあることから、資格外活動として、大学の講師や、語学学校の講師をすることは認められたケースがあります。この場合、雇用主である学校法人・企業等の名称、所在地及び業務内容が個別に指定されます。

なお、不法就労の外国人を雇用していた場合、雇用主（企業）にも罰則が適用される場合があるので注意が必要です。入管法の73条の2には、「不法就労助長罪」が定められています。この法律では、

①事業活動に関し、外国人に不法就労活動させた者
②外国人に不法就労活動をさせるためにこれを自分の支配下に置いた者
③事業として、外国人に不法就労活動をさせる行為または行為に関しあっせんした者

を処罰の対象としており、**3年以下の懲役または300万円以下の罰金またはその併科が規定されています。**

とくに多い違反例では、昼間オフィスで働いている外国人が、夜間や休日にバーやレストランで働き収入を得るケースです。このパターンの就労は、就労系のオフィスワーカーの在留資格では認められていません。

採用者（企業）は採用した者が不法就労者であることがわかった場合に、それを理由として解雇しても解雇権の濫用にはあたらないと一般的には考えられています。

資格外活動の許可を受けていれば、アルバイトをすること自体に問題はありませんが、資格外活動の許可時間に制限があるので雇用主は時間管理については十分な管理が必要です。『留学生』と『家族滞在』については、週28時間までしかアルバイトが認められていないということを、企業の労務担当者は認識しておかなければいけません。

Column

外国人が困ったら「外国人相談」窓口へ

外国人が日常のくらしの中で、外国語による相談を受け付けている公的機関が数多くあります。東京都であれば、国の相談窓口、東京都の相談窓口、市区の相談窓口などです。相談窓口によって英語、中国語、ハングルなどさまざまな言語に対応してくれます。東京都では、東京都外国人相談センター都民の声課「外国人相談」（都庁第1庁舎3階）などで受け付けています。

相談言語	相談日(祝日・年末年始を除く)	相談時間	電話
英語	月曜日～金曜日	午前9時半～正午 午後1時～午後5時	03-5320-7744
中国語	火曜日・金曜日		03-5320-7766
ハングル	水曜日		03-5320-7700

外国人採用の注意点

アルバイト採用する際の在留資格別の注意点

　企業が、外国人のアルバイトを採用するときは、注意が必要です。実際、アルバイトの場合でも、外国人を雇ったときには、「外国人雇用状況届」をハローワークに届けることが義務化されています。誤った知識や確認のミスで、不法就労の外国人を雇用してしまうと企業側の経営者の責任を問われ、最悪逮捕されることもあります。元大関の琴光喜が、不法就労の外国人を雇用していたために、逮捕されてしまったという報道も記憶に新しいと思います。あのケースのように雇用主も逮捕される可能性があるのです。

● 留学

　入国管理局において『資格外活動許可』を取得していなければなりません。学生は、基本的に、週28時間までしか働けません。ただし、夏休み期間中など長期の休みのときには、フルタイムで働いてもよいということになっています。

● 家族滞在

　ご主人か奥様が、フルタイムの仕事を日本国内でしており、その家族として滞在しているケースでは、やはり週28時間までしかアルバイトできません。大前提として、入国管理局から「資格外活動許可」を得ることが必要です。この基本を理解せずに、企業側が、フルタイムで働かせてしまうケースが多く、問題となっています。28時間を超えて働かせることは、不法就労に該当するということを忘れないでください。留学生と違い、夏休

みでのフルタイムの許可などなく、1年間を通して週28時間までしか働くことはできません。

●人文知識・国際業務、技術

基本的に就労系の在留資格の場合、アルバイトができる職種が限られています。具体的には、単純労働系とみなされる活動に対しては、資格外活動許可は出ません。資格外活動許可が出るのは、大学の非常勤講師、語学教師、パソコン教室のインストラクターなどの仕事です。違反事例として多いのは、許可を取らずに、コンビニのレジの業務を行うことや、ウエイターやバーテンダーなどの仕事をオフの時間に継続的に行い収入を得る行為です。外国人が、自分は、日本で働く在留資格があるので、仕事なら何でもできると勘違いしているケースもありますので注意が必要です。

●永住者、日本人の配偶者等、永住者の配偶者等、定住者

いわゆる身分系といわれる在留資格には、就労の制限はありません。そのため、自由にアルバイトをすることができます。工事現場や飲食店で働くことも問題ありません。

●短期滞在

短期滞在のアルバイトは、禁止されています。ただし、例外的に、以前は就労系の在留資格を持っていたが会社の都合で解雇されたケースにより失業中で、失業保険の給付を受けながら仕事を探している外国人の場合は、アルバイトが認められることもあります。

●文化活動

日本の文化の勉強のために日本に滞在している人にも入国管理局の裁量で、アルバイトが認められることもあります。資格外活動が認められているかどうかを確認してください。

外国人採用の注意点

外国人の転職者を雇うときに注意したいこと

●外国人の転職者の採用時には「就労資格証明書」の申請を

　日本に在留する外国人からの申請の基づき、その外国人が行うことのできる収入を伴う事業を運営する活動または報酬を受ける活動を証明する文書のことを「**就労資格証明書**」といいます。自社でその外国人を雇用することについて在留資格の上で問題がないことを行政によって証明してもらうことができる書類です。

　この証明書は、企業が雇用した外国人の情報をハローワークに報告する義務の法制化により、発行されるケースが多くなりました。雇用対策法の外国人の採用の際の「外国人雇用状況の届出」に関する規定が厳格化されているので人事担当者は注意が必要です。届出を忘れると、30万円以下の罰金に処されるケースもあります。

　実際に、雇用する予定の外国人が、どのような就労活動を行うことができるのか容易に確認できるのが「就労資格証明書」の特長です。
　この証明書には、外国人の氏名と国籍、生年月日という基本情報に加え、旅券番号、在留カード（Residence Card）番号（みなし在留カードを含む）、在留資格（在留期間）、行うことのできる就労活動の具体的内容、就労することのできる期限の情報が記載されています。

● **企業の担当者は採用予定者に「就労資格証明書」を提出してもらう**

　企業の採用担当者は、履歴書や経歴書以外に、この就労証明書を提出してもらうことにより、合法的に外国人の採用が可能かどうかの意思決定を行うことができるようになります。

　企業は、雇用する際にこの証明書を提出してもらうことで、不法就労者を雇用することを避けることができます。就労資格証明書は、外国人が収入を伴う事業を運営する活動または報酬を受ける活動内容を証明するものなので、資格外活動の許可を受けた者も就労資格証明書の交付を受けることができます。

　アルバイトやパートタイマーの外国人を雇用する場合、「在留カード（Residence Card）」を提出してもらうことは、資格外活動の許可があるかどうかはわかりますが、就労資格証明書の提出を求めることで、採用にあたって自社にとって適切な人材かどうかの判断は行いやすくなります。

　ただし、「就労資格証明書」は、あくまでも希望する外国人に対して交付されるもので、採用予定の企業が入国管理局に出向いたからといって、その外国人の証明書が取得できるものではないので注意が必要です。

　なお、企業側は外国人が就労資格証明書を持っていないケースでも、旅券や在留カード（Residence Card）で就労することが確認できるのであれば、その外国人を雇用しても問題にはなりません。

● **就労資格証明書を取得しておけば、在留期間の更新のときに有利になる**

　「就労資格証明書」を取得し在留資格を証明してもらうことで、将来、在留期間更新という時期がきたとき、許可申請がスムーズに行えるというメリットがあります。採用時に就労資格証明書の交付を受けていれば、その時点で入国管理局の審査をパスしたことになるので、在留期間の更新手続

きの際にも、すでに自社での在留資格の正当性が証明されたと見なされるので、より迅速に更新の許可が下りるケースが多いようです。

見本1　就労資格証明書交付申請書

別記第二十九号の五様式（第十九条の四関係）　　　　　　　日本国政府法務省
Ministry of Justice, Government of Japan

就労資格証明書交付申請書
APPLICATION FOR CERTIFICATE OF AUTHORIZED EMPLOYMENT

入国管理局長　殿
To the Director General of　Regional Immigration Bureau

出入国管理及び難民認定法第19条の2第1項の規定に基づき、次のとおり就労資格証明書の交付を申請します。
Pursuant to the provisions of Paragraph 1 of Article 19-2 of the Immigration Control and Refugee Recognition Act, I hereby apply for a certificate of authorized employment.

1　国籍・地域　Nationality / Region：カナダ
2　生年月日　Date of birth：1979年 5月 10日
3　氏名　Name：XXXX XXXX
4　性別　Sex：（男）・女
5　住居地　Address in Japan：xx xxxxxxxxx
　電話番号　Telephone No.：xx xxxx xxxx
　携帯電話番号　Cellular Phone No.：xxxxxxxx
6　旅券　(1)番号　Passport Number：WR xxxxx
　(2)有効期限　Date of expiration：年 月 日
7　在留の資格　Status of residence：技術
　在留期間　Period of stay：1年
　在留期間の満了日　Date of expiration：年 月 日
8　在留カード番号／特別永住者証明書番号
　Residence card number / Special Permanent Resident Certificate number：AB12345678CD
9　証明を希望する活動の内容　Desired activity to be certified
　株式会社○○○○において欧米向けの英語版のソフトウエア開発を行う業務が現在の在留資格（技術）に該当すること
10　就労する期間　Period of work　from 2014年 2月 1日 から 2015年 1月 31日まで
11　使用目的　Purpose of use：転職先である株式会社○○○○に提出するため
12　法定代理人（法定代理人による申請の場合に記入）Legal representative (in case of legal representative)
　(1)氏名　Name：
　(2)本人との関係　Relationship with the applicant：
　(3)住所　Address：
　電話番号　Telephone No.：
　携帯電話番号　Cellular phone No.：

以上の記載内容は事実と相違ありません。I hereby declare that the statement given above is true and correct.
申請人（法定代理人）の署名／申請書作成年月日　Signature of the applicant (legal representative) / Date of filling in this form
　　　　　　　　　　　　　　　　　　　　　　　年 月 日
　　　　　　　　　　　　　　　　　　　　　　　Year Month Day

注意　申請書作成後申請までに記載内容に変更が生じた場合、申請人（法定代理人）が変更箇所を訂正し、署名すること。
Attention In cases where descriptions have changed after filling in this application form up until submission of this application, the applicant (legal representative) must correct the part concerned and sign their name.

※ 取次者　Agent or other authorized person
　(1)氏名　Name：佐藤正巳
　(2)住所　Address：東京都千代田区内神田1-5-6-701
　(3)所属機関等　Organization to which the agent belongs：東京都行政書士会
　電話番号　Telephone No.：03-5913-9750

在留資格の申請

企業が行う在留資格申請の手続き

　企業（例えば貿易産業やIT産業など）が外国人を採用する場合には次の3つの在留資格申請手続きが必要となります。これらは入管法（出入国管理及び難民認定法）により、手続きが規定されています。

①在留資格の新規申請（在留資格認定証明書交付申請）
②在留資格の変更申請（『留学』から『人文知識・国際業務』、『技術』など）
③在留資格の更新（期間の更新）

　実際に採用する外国人がこれから日本に上陸する際には**「在留資格認定証明書」**が必要となります。また、もしも、在留資格以外の就業（例えばアルバイトで学校の外国語講師や留学生のアルバイトなど）を行う場合には、上陸後「資格外活動」の許可を受ける必要があります。

　ここでは企業の在留資格申請手続きについて説明します。

①在留資格の新規申請（在留資格認定証明書交付申請）
　企業が外国人を採用し、日本で働いてもらう場合には地方入国管理局において在留資格の申請手続きが必要です。
　在留資格を新規に取得するためには、入国管理局に対して、「在留資格認定証明書」の交付申請をすることになります。
　在留資格認定証明書は、日本に入国しようとする外国人が、27種類ある

在留資格のどれに該当するかを、日本の法務大臣が認定したことを証明するものです。

通常は、申請取次の行政書士や、外国人を招こうとする企業の社員が「**在留資格認定証明書交付申請書**」を作成し、証明書類を添付し外国人に代わって入国管理局に申請します。

「**在留資格認定証明書**」は法務大臣が発行するもので、発行されるまでには1カ月から4カ月かかります。実際にカテゴリー3、カテゴリー4に属する中小企業の場合には、3~4カ月待たされるケースもあります。とくに中小企業の場合、証明書類に不備があると不許可になり、事業計画そのものが崩れるケースもあります。専門家である行政書士に相談をお勧めいたします。申請により許可が下りた場合、「在留資格認定証明書」を採用する外国人に送付します。

申請人（採用する外国人本人）は、在留資格認定証明書を受け取ったら自国にある日本国大使館か領事館に提示することになります。

この手続きにより、ビザが発行され、日本に上陸したときに入国審査がスムーズに進むことになります。この流れにより、外国人は正規に日本に滞在できるのです。

一方もうひとつのケースは、外国人が在外公館に直接査証を申請するケースです。通常、外交、公用、短期滞在の在留資格については、短期間で在外公館より発給されます。こちらのケースは外交官など特殊なケースなので説明を省きます。

②在留資格の変更

留学生（留学の在留資格を持つ）が、日本の大学や専門学校を卒業した後、日本の企業への就職を希望する場合や、就業の在留資格をもつ外国人が別の就業活動（職務内容が変わる）につく場合などがこの「**在留資格の変更**

申請」となります。

　今後、留学生が日本の会社に採用されることは増えていくことと思われます。この場合には「在留資格の変更申請」が必要になってきます。

　在留資格変更が許可されるための要件として、外国人留学生の学歴と企業での職務内容が合致していて、法律で認められている就労内容であることが求められています。**職種がいわゆる単純作業では、在留資格の変更は難しい**とお考えください。

　就労内容について現状では、法務大臣の価値観と時代認識の違いにより、従来に比べ厳格性が緩和される傾向にあります。留学生の専攻と、就労する職務との相関性は、以前に比べると厳しくなくなったのが実情です。例えば、デザインを専攻していた学生が、IT関連企業へ、技術の在留資格で在留資格変更が認められたという事例もあります。規制緩和の時代ですから、企業の採用担当者はいろいろな能力を持つ人材の確保に動くことが可能です。

　在留資格変更は、2月〜3月の学生の卒業シーズンになると、大変手続きに時間がかかります。優秀な留学生を戦力にするためには、なるべく早く申請するとよいでしょう。変更申請が遅れると、4月の入社時期に許可が下りないという事態が発生します。

　留学生の場合、東京入国管理局では、前年の12月から在留資格変更の手続きを受け付けています。卒業した際には、卒業証明書か卒業証書の実物を見せ、コピーを渡すことで在留資格の変更が認められます。

　一方、就業の在留資格を持つ外国人が別の就業活動を行う場合の「在留資格の変更」は法務大臣が在留資格の変更を適当と認めるに足りる相当の理由があるときに限り、法務大臣の裁量により許可することができるとされているので、**申請すればだれでも許可されるものではありません。**

　学生時代に素行不良などが明らかになっている場合などは「在留資格の

変更」が許されないケースもあります。その場合、希望する在留資格でなく、帰国準備のための『特定活動』または『短期滞在』が与えられる場合もあります。

③在留資格の更新

「在留資格の期間」は、「在留資格の種類」により決まっており、入国管理局の裁量により最大5年間（24P参照）まで許可されます。

期間が切れてしまうと不法滞在となり強制退去の対象となってしまうので注意が必要です。在留カードの有効期限が日本に滞在できる期限です。

そのためには実務担当者は雇用した外国人の在留資格期間がいつまでであるのかを管理しておくことが必要です。引っ越しをしたケースや関連会社に出向いているケースなど、情報が変わっている場合、新しい情報を入国管理局に届け出る義務があります。人事担当者が変わったときに、この情報を共有化する必要があり、忘れていると更新が不可能となり、帰国しなければならない場合もあります。

「在留資格の更新」申請は、在留期間が切れるおよそ3カ月前から10日前までの間に期間の更新申請を行い、許可を受ける必要があります。ただし、在留期限までは、更新の手続きは受け付けてもらえますので、不法滞在になる前に行政書士事務所にお問い合わせください。証明書類の不備は不許可につながるので、専門家への相談をお勧めいたします。

実際、「在留資格の更新」は申請を行えば必ず許可されるというものではなく、法務大臣により、「①在留資格該当性が維持されており」「②更新を適当と認めるに足りる相当の理由がある」と判断された場合にのみ許可されます。外国人や採用している企業の権利として更新が認められるものではありませんので注意してください。例えば、不当に低い賃金（月18万円未満）しか支払っていないとか、債務超過の決算で企業の存続が厳しいケースで

見本2　在留資格変更許可申請書①

別記第三十号様式(第二十条関係)
申請人等作成用 1
For applicant, part 1

日本国政府法務省
Ministry of Justice, Government of Japan

在 留 資 格 変 更 許 可 申 請 書
APPLICATION FOR CHANGE OF STATUS OF RESIDENCE

入国管理局長　殿
To the Director General of　Regional Immigration Bureau

写真
Photo
40mm × 30mm

出入国管理及び難民認定法第20条第2項の規定に基づき、次のとおり在留資格の変更を申請します。
Pursuant to the provisions of Paragraph 2 of Article 20 of the Immigration Control and Refugee Recognition Act, I hereby apply for a change of status of residence.

1 国籍・地域 Nationality/Region: アメリカ合衆国
2 生年月日 Date of birth: 1974 年 Year　0 月 Month　0 日 Day
3 氏名 Name: (Family name) BOOK　(Given name) JOHN
4 性別 Sex: (男)・女 Male/Female
5 出生地 Place of birth: NEW YORK
6 配偶者の有無 Marital status: 有・(無) Married/Single
7 職業 Occupation: 会社役員
8 本国における居住地 Home town/city: BOSTON MA
9 住居地 Address in Japan: 東京都 港区 ○△町 23-45-607
電話番号 Telephone No.: 03-XXXX-0000
携帯電話番号 Cellular phone No.: 080-○×○×-○○○○
10 旅券 Passport (1)番号 Number: ABC123　(2)有効期限 Date of expiration: 2019 年 5 月 5 日
11 現に有する在留資格 Status of residence: 人文知識・国際業務
在留期間 Period of stay: 3年
在留期間の満了日 Date of expiration: 2014 年 4 月 17 日
12 在留カード番号 Residence card number: ZR 22222 AAA
13 希望する在留資格 Desired status of residence: 投資・経営
在留期間 Period of stay: 5年 (審査の結果によって希望の期間とならない場合があります。) (It may not be as desired after examination.)
14 変更の理由 Reason for change of status of residence: 自分で会社を設立したため
15 犯罪を理由とする処分を受けたことの有無(日本国外におけるものを含む。) Criminal record (in Japan / overseas)
有(具体的内容 Yes (Detail: 　　　　　　　　　　　　　　　　　) ・(無) No
16 在日親族(父・母・配偶者・子・兄弟姉妹など)及び同居者
Family in Japan(Father, Mother, Spouse, Son, Daughter, Brother, Sister or others) or co-residents

続柄 Relationship	氏名 Name	生年月日 Date of birth	国籍・地域 Nationality/Region	同居 Residing with applicant or not	勤務先・通学先 Place of employment/ school	在留カード番号 特別永住者証明書番号 Residence card number Special Permanent Resident Certificate number
	なし			はい・いいえ Yes / No		
				はい・いいえ Yes / No		
				はい・いいえ Yes / No		
				はい・いいえ Yes / No		
				はい・いいえ Yes / No		

(注) 裏面参照の上、申請に必要な書類を作成して下さい。　Note : Please fill in forms required for application. (See notes on reverse side.)

見本2　在留資格変更許可申請書②

は更新が不許可となる可能性もあります。

　外国人がオーナーの企業では、とくに注意が必要です。オーナーの在留資格が『人文知識・国際業務』で、個人事業主として事業を行っている場合、他の外国人を雇用して事業を展開することはできません。実際、個人事業主として企業の英会話研修をしていたイギリス人のD氏が、友人のE氏を雇用して手伝ってもらおうと考え、不許可になった事例があります。

● 「在留資格認定証明書」の申請に必要なもの

　一般的に企業が外国人を採用するにあたって在留資格認定証明書を交付申請、資格変更申請する際には入国管理局に提出する書類があります。

　申請内容により書類の内容は異なりますが一般的には以下の書類が必要となります。

①在留資格認定証明書交付申請書（見本3）

②写真（縦4cm×横3cm）を1枚

③返信用封筒（定形封筒に宛先を明記し、392円分の切手〈簡易書留用〉を貼付）

④招聘機関（企業等）の概要や会社案内と登記簿、直近の決算書の写し（損益計算書、貸借対照表など）、法定調書合計表（見本4）、新規事業の場合は事業計画書（見本6）。

⑤申請人(採用される外国人)の学歴及び職歴その他の経歴を証明する文書。申請人の履歴書（見本7）に加え、大学の卒業証明書か在職証明書。

⑥申請人（採用される外国人）の雇用契約書等の採用書類や契約書（派遣契約、業務委託契約）と、その機関（企業等）の概要が明らかになるような資料も提出しなければなりません。

　入国管理局に提出する雇用契約書の内容でチェックされるのは特に、職務内容、勤務期間、職務上の地位、賃金についてです。

　この中で最も重要な書類として**「雇用契約書」**があります。通常は、厚生労働省のホームページからダウンロードした「労働条件通知書」（102・

見本3　在留資格認定証明書交付申請書①

別記第六号の三様式（第六条の二関係）
申請人等作成用 1
For applicant, part 1

日本国政府法務省
Ministry of Justice, Government of Japan

在留資格認定証明書交付申請書
APPLICATION FOR CERTIFICATE OF ELIGIBILITY

入国管理局長　殿
To the Director General of Regional Immigration Bureau

出入国管理及び難民認定法第7条の2の規定に基づき、次のとおり同法第7条第1項第2号に掲げる条件に適合している旨の証明書の交付を申請します。
Pursuant to the provisions of Article 7-2 of the Immigration Control and Refugee Recognition Act, I hereby apply for the certificate showing eligibility for the conditions provided for in 7, Paragraph 1, Item 2 of the said Act.

写真　Photo　40mm×30mm

1. 国籍・地域 Nationality/Region：大韓民国
2. 生年月日 Date of birth：XX 年 X 月 XX 日
3. 氏名 Name：(Family name) LEE XXX　(Given name) 李 XXX
4. 性別 Sex：男 Male ・ ⦿女 Female
5. 出生地 Place of birth：XXXXXX
6. 配偶者の有無 Marital status：有 Married ・ ⦿無 Single
7. 職業 Occupation：翻訳・通訳
8. 本国における居住地 Home town/city：
9. 日本における連絡先 Address in Japan：東京都新宿区 XXXXX
   電話番号 Telephone No.：03-XXXX-XXXX　携帯電話番号 Cellular phone No.：090-XXXX-XXXX
10. 旅券 Passport　(1) 番号 Number：XXXXXX　(2) 有効期限 Date of expiration：XX 年 X 月 X 日
11. 入国目的（次のいずれか該当するものを選んでください。）Purpose of entry: check one of the followings
    - □ I「教授」Professor
    - □ I「教育」Instructor
    - □ J「芸術」Artist
    - □ 「文化活動」Cultural Activities
    - □ K「宗教」Religious Activities
    - □ L「報道」Journalist
    - □ L「企業内転勤」Intra-company Transferee
    - □ M「投資・経営」Investor / Business Manager
    - □ L「研究（転勤）」Researcher (Transferee)
    - □ N「研究」Researcher
    - □ N「技術」Engineer
    - ☑ N「人文知識・国際業務」Specialist in Humanities / International Services
    - □ 「技能」Skilled Labor
    - □ N「特定活動（イ・ロ）」Designated Activities (a/b)
    - □ O「興行」Entertainer
    - □ P「留学」Student
    - □ Q「研修」Trainee
    - □ Y「技能実習（1号）」Technical Intern Training (i)
    - □ R「家族滞在」Dependent
    - □ R「特定活動（ハ）」Designated Activities (c)
    - □ R「特定活動（EPA家族）」Dependent of EPA
    - □ T「日本人の配偶者等」Spouse or Child of Japanese National
    - □ T「永住者の配偶者等」Spouse or Child of Permanent Resident
    - □ T「定住者」Long Term Resident
    - □ U「その他」Others
12. 入国予定年月日 Date of entry：XX 年 X 月 X 日　上陸予定港 Port of entry：XXXXX
14. 滞在予定期間 Intended length of stay：XXXXX
15. 同伴者の有無 Accompanying persons, if any：有 ・ ⦿無 Yes / No
16. 査証申請予定地 Intended place to apply for visa：XXXXX
17. 過去の出入国歴 Past entry into / departure from Japan：⦿有 ・ 無 Yes / No
    （上記で「有」を選択した場合）(Fill in the followings when the answer is "Yes")
    回数 time(s)：2 回　直近の出入国歴 The latest entry from：XX 年 X 月 X 日 から XX 年 X 月 X 日
18. 犯罪を理由とする処分を受けたことの有無（日本国外におけるものを含む。）Criminal record (in Japan / overseas)：有（具体的内容 Yes (Detail)：　）・ ⦿無 No
19. 退去強制又は出国命令による出国の有無 Departure by deportation / departure order：有 ・ 無 Yes / No
    （上記で「有」を選択した場合）(Fill in the followings when the answer is "Yes")
    回数 time(s)：　　直近の送還歴 The latest departure by deportation：　年　月　日
20. 在日親族（父・母・配偶者・子・兄弟姉妹など）及び同居者
    Family in Japan (Father, Mother, Spouse, Son, Daughter, Brother, Sister or others) or co-residents

続柄 Relationship	氏名 Name	生年月日 Date of birth	国籍・地域 Nationality/Region	同居予定 Intended to reside with applicant or not	勤務先・通学先 Place of employment/school	在留カード番号 特別永住者証明書番号 Residence card number Special Permanent Resident Certificate number
なし				はい・いいえ Yes/No		
				はい・いいえ Yes/No		
				はい・いいえ Yes/No		
				はい・いいえ Yes/No		

※ 20については、記載欄が不足する場合は別紙に記入して添付すること。なお、「研修」、「技能実習」に係る申請の場合は記載不要です。
Regarding item 20, if there is not enough space in the given columns to write in all of your family in Japan, fill in and attach a separate sheet.
In addition, take note that you are not required to fill in item 20 for applications pertaining to "Trainee" / "Technical Intern Training".

（注）裏面参照の上、申請に必要な書類を作成して下さい。Note：Please fill in forms required for application. (See notes on reverse side.)

第3章　外国人の入社と届出

97

見本3　在留資格認定証明書交付申請書②

申請人等作成用2　N（「研究」・「技術」・「人文知識・国際業務」・「技能」・「特定活動（イ・ロ）」）
For applicant, part 2 N ("Researcher" / "Engineer" / "Specialist as Humanities / International Services" /
"Skilled Labor" / "Designated Activities(a/b)")
在留資格認定証明書用
For certificate of eligibility

21　勤務先　Place of employment　※ (2)及び(3)については、主たる勤務場所の所在地及び電話番号を記載すること。
For sub-items (2) and (3), give the address and telephone number of your principal place of employment.
(1)名称　Name　株式会社×××　　支店・事業所名　Name of branch　株式会社×××
(2)所在地　Address　東京都千代田区×××××
(3)電話番号　Telephone No.　03-××××-××××

22　最終学歴　Education (last school or institution)
□ 大学院（博士）Doctor　□ 大学院（修士）Master　☑ 大学 Bachelor　□ 短期大学 Junior college　□ 専門学校 College of technology
□ 高等学校 Senior high school　□ 中学校 Junior high school　□ その他 Others（　　　）
(1)学校名　Name of school　セントラル××××大学
(2)卒業年月日　Date of graduation　2007 年 Year　06 月 Month　　日 Day

23　専攻・専門分野　Major field of study
(22で大学院（博士）〜短期大学の場合)（Check one of the followings when the answer to the question 22 is from doctor to junior college）
□ 法学 Law　□ 経済学 Economics　□ 政治学 Politics　□ 商学 Commercial science　□ 経営学 Business administration　□ 文学 Literature
□ 語学 Linguistics　□ 社会学 Sociology　□ 歴史学 History　□ 心理学 Psychology　□ 教育学 Education　☑ 芸術学 Science of art
□ その他人文・社会科学（　　　）Others(cultural / social science)　□ 理学 Science　□ 化学 Chemistry　□ 工学 Engineering
□ 農学 Agriculture　□ 水産学 Fisheries　□ 薬学 Pharmacy　□ 医学 Medicine　□ 歯学 Dentistry
□ その他自然科学（　　　）Others(natural science)　□ 体育学 Sports science　□ その他（　　　）Others
(22で専門学校の場合)（Check one of the followings when the answer to the question 22 is college of technology）
□ 工業 Engineering　□ 農業 Agriculture　□ 医療・衛生 Medical services / Hygienics　□ 教育・社会福祉 Education / Social welfare　□ 法律 Law
□ 商業実務 Practical commercial business　□ 服飾・家政 Dress design / Home economics　□ 文化・教養 Culture / Education　□ その他（　　　）Others

24　情報処理技術者資格又は試験合格の有無（情報処理業務従事者のみ記入）　有・㊀（無）
Does the applicant have any qualifications for information processing or has he / she passed the certifying examination?　Yes / No
(when the applicant is engaged in information processing)
（資格名又は試験名）Name of the qualification or certifying examination _____

25　職歴　Employment history

年 Year	月 Month	職歴 Employment history	年 Year	月 Month	職歴 Employment history
2007	11	株式会社××× 入社 現在に至る			

26　申請人、法定代理人、法第7条の2第2項に規定する代理人
Applicant, legal representative or the authorized representative, prescribed in Paragraph 2 of Article 7-2.
(1)氏名　Name　_____
(2)本人との関係　Relationship with the applicant　_____
(3)住所　Address　_____
電話番号　Telephone No.　_____
携帯電話番号　Cellular Phone No.　_____

以上の記載内容は事実と相違ありません。
申請人（代理人）の署名／申請書作成年月日
I hereby declare that the statement given above is true and correct.
Signature of the applicant (representative) / Date of filling in this form
　　　年 Year　　月 Month　　日 Day

注意　申請書作成後申請までに記載内容に変更が生じた場合、申請人（代理人）が変更箇所を訂正し、署名すること。
Attention　In cases where descriptions have changed after filling in this application form up until submission of this application, the applicant (representative) must correct the part concerned and sign their name.

※ 取次者　Agent or other authorized person
(1)氏名　Name　行政書士〇〇〇〇
(2)住所　Address　東京都中央区×××××
(3)所属機関等　Organization to which the agent belongs　東京都行政書士会
電話番号　Telephone No.　03-××××-××××

見本3　在留資格認定証明書交付申請書③

所属機関等作成用 1　N （「研究」・「技術」・「人文知識・国際業務」・「技能」・「特定活動（イ・ロ）」）
For organization, part 1 N ("Researcher" / "Engineer" / "Specialist as Humanities / International Services" / "Skilled Labor" / Designated Activities(a/b)")

在留資格認定証明書用
For certificate of eligibility

1　雇用又は招へいする外国人の氏名　李 ×××
　　Name of the foreigner to employ or invite

2　勤務先　Place of employment
　※(3), (6)及び(7)については、主たる勤務場所について記載すること。For sub-items (3), (6) and (7) give the address and telephone number of employees of your principal place of employment.
　※国・地方公共団体、独立行政法人、公益財団・社団法人その他非営利法人の場合は(4)及び(5)の記載は不要。In cases of a national or local government, incorporated administrative agency, public interest incorporated association or foundation or some other nonprofit corporation, you are not required to fill in sub-items (4) and (5).

(1)名称　Name　株式会社 ×××　　支店・事業所名 Name of branch　株式会社 ×××

(2)事業内容　Type of business
　製　造　【 □一般機械　□電機　□通信機　□自動車　□鉄鋼　□化学
　Manufacturing　　Machinery　Electrical machinery　Telecommunication　Automobile　Steel　Chemistry
　　　　　　　　□繊維　□食品　□その他（　　　　　）】
　　　　　　　　Textile　Food　Others
　運　輸　【 □航空　□海運　□旅行業　□その他（　　　　）】
　Transportation　Airline　Shipping　Travel agency　Others
　金融保険　【 □銀行　□保険　□証券　□その他（　　　　）
　Finance　　Banking　Insurance　Security　Others
　商　業　【 □貿易　□その他（　　　　）】
　Commerce　　Trade　Others
　教　育　【 □大学　□高校　□語学学校　□その他（　　　　）】
　Education　University　Senior high school　Language school　Others
　報　道　【 □通信　□新聞　□放送　□その他（　　　　）】
　Journalism　News agency　Newspaper　Broadcasting　Others
　□建設　□コンピュータ関連サービス　□人材派遣　□広告
　Construction　Computer services　Dispatch of personnel　Advertising
　□ホテル　□料理店　□医療　□出版　□調査研究
　Hotel　Restaurant　Medical services　Publishing　Research
　□農林水産　□不動産　☑その他（ ファッション　　　　）
　Agriculture / Forestry / Fishery　Real estate　Others

(3)所在地　Address　東京都千代田区×××××
　電話番号　Telephone No.　03-××××-××××

(4)資本金　Capital　10,000,000　円 Yen

(5)年間売上高(直近年度)　Annual sales (latest year)　740,000,000　円 Yen

(6)従業員数　Number of employees　40 名　(7)外国人職員数　Number of foreign employees　3 名

3　就労予定期間　Period of work　5年

4　給与・報酬（税引き前の支払額）Salary/Reward (amount of payment before taxes)　7,800,400　円 Yen　☑年額 Annual　□月額 Monthly

5　実務経験年数　Business experience　6 年(s)　6 職務上の地位　Position　社員

7　職務内容　Type of work
　□販売・営業　☑翻訳・通訳　□コピーライティング　□海外業務
　Sales / Business　Translation / Interpretation　Copywriting　Overseas business
　□設計　□広報・宣伝　□調査研究
　Design　Publicity　Research
　□技術開発（情報処理分野）　□技術開発（情報処理分野以外）
　Technological development (information processing)　Technological development (excluding information processing)
　□貿易業務　□国際金融　□法律業務　□会計業務
　Trading business　International finance　Legal business　Accounting
　□教育　□報道　□調理　□その他（　　　　）
　Education　Journalism　Cooking　Others

第3章　外国人の入社と届出

103P参照）を使用することが多いようです。

　「雇用契約書」では、労働条件の明示を外国人労働者にも行わなくてはなりません。労働条件の明示は、労働基準法15条と規則5条1項に書かれている内容を包括して文書化する必要があります。
①労働契約の期間に関する事項
②就業の場所および従事すべき業務に関する事項
③始業および終業の時刻、所定労働時間を超える労働の有無、休憩時間・休日・休暇
④賃金（退職手当等を除く）の決定。計算および支払いの方法。賃金の締め切りおよび支払いの時期ならびに昇給に関する事項
⑤退職（解雇の事由も含む）に関する事項

労働契約書の事例

　注意すべき点は、賃金水準、雇用内容などです。外国人の賃金が日本人の同じ職種に比べて不当に低い場合には雇用契約として認められません。労働基準法違反となるので在留資格認定証明書の許可が受けられません。実際に、日本人社員の初任給が22万円で、韓国人社員の初任給を11万円として不許可になった会社の事例もあります。企業側は、韓国の新入社員がソウルでもらう初任給の基準に合わせたと弁明していましたが、日本国内で働いてもらう場合、あくまで法の下の平等で日本人社員と同じ給与体系を採用する必要があります。さらに、採用する外国人が学生ならば、専攻してきた内容と職務内容に関連性が十分にあることが必要です。

　加えて、任意で作成した採用理由書を添付し、「なぜその外国人が自社にとって必要なのか」を詳しく説明するとよいでしょう。

　なお、これらの書類については入国管理局への申請時に不備があると、外国人の入国（上陸許可）が遅れて就労時期に間に合わなかったり、最悪の場合就業できない等のトラブルが発生する可能性があります。

見本4　給与所得の源泉徴収票等の法定調書合計表

見本5　労働条件通知書①

(一般労働者用；常用、有期雇用型)

労働条件通知書

年　月　日

＿＿＿＿＿＿＿＿殿

事業場名称・所在地
使 用 者 職 氏 名

契約期間	期間の定めなし、期間の定めあり（　　年　月　日～　　年　月　日） ※以下は、「契約期間」について「期間の定めあり」とした場合に記入 1　契約の更新の有無 　［自動的に更新する・更新する場合があり得る・契約の更新はしない・その他（　　　）］ 2　契約の更新は次により判断する。 　・契約期間満了時の業務量　　　・勤務成績、態度　　　・能力 　・会社の経営状況　・従事している業務の進捗状況 　・その他（　　　　　　　　　　　　　　　　　　　　　　　　　　）
就業の場所	
従事すべき業務の内容	
始業、終業の時刻、休憩時間、就業時転換((1)～(5)のうち該当するもの一つに○を付けること。)、所定時間外労働の有無に関する事項	1　始業・終業の時刻等 　(1) 始業（　　時　　分）　終業（　　時　　分） 　【以下のような制度が労働者に適用される場合】 　(2) 変形労働時間制等；（　　）単位の変形労働時間制・交替制として、次の勤務時間の組み合わせによる。 　　┌始業（　時　分）終業（　時　分）（適用日　　　　　） 　　├始業（　時　分）終業（　時　分）（適用日　　　　　） 　　└始業（　時　分）終業（　時　分）（適用日　　　　　） 　(3) ﾌﾚｯｸｽﾀｲﾑ制；始業及び終業の時刻は労働者の決定に委ねる。 　　　　　　　（ただし、ﾌﾚｷｼﾌﾞﾙﾀｲﾑ（始業）　時　分から　時　分、 　　　　　　　　　　　　　　　　　　（終業）　時　分から　時　分、 　　　　　　　　　　　　　ｺｱﾀｲﾑ　　　　時　分から　時　分） 　(4) 事業場外みなし労働時間制；始業（　時　分）終業（　時　分） 　(5) 裁量労働制；始業（　時　分）終業（　時　分）を基本とし、労働者の決定に委ねる。 ○詳細は、就業規則第　条～第　条、第　条～第　条、第　条～第　条 2　休憩時間（　　）分 3　所定時間外労働の有無（　有　，　無　）
休　　　日	・定例日；毎週　　曜日、国民の祝日、その他（　　　　　　　　　） ・非定例日；週・月当たり　　日、その他（　　　　　　　　　　） ・1年単位の変形労働時間制の場合－年間　　　日 ○詳細は、就業規則第　条～第　条、第　条～第　条
休　　　暇	1　年次有給休暇　6か月継続勤務した場合→　　　日 　　継続勤務6か月以内の年次有給休暇　（有・無） 　　→　か月経過で　　日 　　時間単位年休（有・無） 2　代替休暇（有・無） 3　その他の休暇　有給（　　　　　　　　　） 　　　　　　　　　無給（　　　　　　　　　） ○詳細は、就業規則第　条～第　条、第　条～第　条

(次頁に続く)

見本5　労働条件通知書②

賃　　金	1　基本賃金　イ　月給（　　　　円）、ロ　日給（　　　　円） 　　　　　　　ハ　時間給（　　　円）、 　　　　　　　ニ　出来高給（基本単価　　　円、保障給　　　円） 　　　　　　　ホ　その他（　　　　円） 　　　　　　　ヘ　就業規則に規定されている賃金等級等 2　諸手当の額又は計算方法 　　イ（　　手当　　　円　／計算方法：　　　　　　） 　　ロ（　　手当　　　円　／計算方法：　　　　　　） 　　ハ（　　手当　　　円　／計算方法：　　　　　　） 　　ニ（　　手当　　　円　／計算方法：　　　　　　） 3　所定時間外、休日又は深夜労働に対して支払われる割増賃金率 　　イ　所定時間外、法定超　月60時間以内（　　）％ 　　　　　　　　　　　　　月60時間超　（　　）％ 　　　　　　　　　　所定超　（　　）％ 　　ロ　休日　法定休日（　　）％、法定外休日（　　）％ 　　ハ　深夜（　　）％ 4　賃金締切日　（　　）－毎月　日、（　　）－毎月　日 5　賃金支払日　（　　）－毎月　日、（　　）－毎月　日 6　賃金の支払方法（　　　　　　　） 7　労使協定に基づく賃金支払時の控除（無　，有（　　）） 8　昇給　時期等 9　賞与（　有（時期、金額等　　　　　　），　無　） 10　退職金（　有（時期、金額等　　　　　），　無　）
退職に関する事項	1　定年制　（　有　（　　歳），　無　） 2　継続雇用制度（　有（　　歳まで），　無　） 3　自己都合退職の手続（退職する　　日以上前に届け出ること） 4　解雇の事由及び手続 ［　　　　　　　　　　　　　　　　　　　　　　　］ ○詳細は、就業規則第　条～第　条、第　条～第　条
そ　の　他	・社会保険の加入状況（　厚生年金　健康保険　厚生年金基金　その他（　　）） ・雇用保険の適用（　有　，　無　） ・その他［　　　　　　　　　　　　　　　　　　　］ ※以下は、「契約期間」について「期間の定めあり」とした場合についての説明です。 　労働契約法第18条の規定により、有期労働契約（平成25年4月1日以降に開始するもの）の契約期間が通算5年を超える場合には、労働契約の末日までに労働者から申込みをすることにより、当該労働契約の期間の末日の翌日から期間の定めのない労働契約に転換されます。

※　以上のほかは、当社就業規則による。
※　労働条件通知書については、労使間の紛争の未然防止のため、保存しておくことをお勧めします。

見本6　企業の事業計画書

事業計画書

株式会社　●●不動産

株式会社●●不動産は東京都新宿区新宿5丁目の「新宿○×ビル」を拠点に事業を展開しています。

現状では、ビルの不動産管理を中心とした事業の展開ですが、今後の事業展開として国際化をテーマとした事業の展開をいたします。

まず、第1の柱として、外国人富裕層に対しての日本での不動産販売を展開いたします。そのため、ホームページを完成させ、外国人の富裕層でも、中国と韓国語のホームページを開設することらにより、より質の高い情報を展開するようにします。マンションから一戸建て、リゾート地の別荘に至るまで

　　　　　　　　……………………………………………………

第2のビジネスは語学を教えスクールの開設です。本が国際化する中で、英語のほかに中国語や韓国語を勉強したいというニーズは確実に増えています。

　　　　　　　　……………………………………………………

第3のビジネス展開としては、日本に多くいる中国人と韓国人の留学生のための不動産賃貸のサポート業務を展開します。

　　　　　　　　……………………………………………………

20××年9月以降、これらの事業を本格展開することにより、当社では20××年までに年商1億円のレベルまでの企業規模の拡大を図ることを目標としています。

見本7　本人の履歴書の例

○○○

住所：京畿道　××市　×××.×××××
E mail: ×××××.kim@gmail.com　Mobile：××××××××

学歴

○○大学校　　　　　　　　　　　　　　　　　　　　　　　　　　ソウル
政治外交学 学士　　　　　　　　　　　　　　　　　　　　2004. 03 – 2012.08
- 重要受講科目；国際協商論、21世紀国際環境と国際関係、日本政治論、国際政治経済論、中国の政治、国際紛争論、中国近現代史、　国際化と法, 現代中国の市場と通商

業務 経歴 事項

○○経済研究所　　　　　　　　　　　　　　　　　　　　　　　　ソウル
インターン(RA)　　　　　　　　　　　　　　　　　　　　　2012. 07 – 2012. 07
グローバル完成車企業のベンチマーキングプロジェクトで企業及び個別製品のブランド戦略を調査・整理し参考資料として活用。
- 南アフリカ共和国でのプレミアムブランドの販売不振の原因と解決方案としての Re-Launching の意義と効果を調査し参考資料として活用できる様に整理。
- ベンチマーキング対象企業のアフリカ地域展開及び組織構成を調査し報告。
- スタディー用資料作成の為に英語及び韓国語資料を日本語に翻訳し整理。

○○経済研究所　　　　　　　　　　　　　　　　　　　　　　　　ソウル
インターン(RA)　　　　　　　　　　　　　　　　　　　　　2011. 11 – 2012. 01
国内総合商社の中長期経営戦略樹立プロジェクトのRAとしてコンサルタントの主なる業務を手伝う。
- 日本五大総合商社の内三つ(○○商事、×××ィ××、△△)の主なる事業分野・組織構成および事業現況を調査・整理 。
- 日本総合商社に関した日本貿易会のインタヴューや総合商社専門情報誌×××ィ××の資料を翻訳及び整理。
- 国内大手総合商社の財務状況や事業現況、海外進出現況などの調査を基にクライアント社との違いを整理し報告。

他の活動経歴

△△サークル　　　　　　　　　　　　　　　　　　　　　　　　　ソウル
会員　　　　　　　　　　　　　　　　　　　　　　　　　　2004. 12 – 2008. 08
- 日本語授業から言語や文化、社会イッシュなどに関した交流会を立ち上げる。
- 週3回スタディー会を開き新聞記事やアニメ、ゲームを主題にディスカッション。

その他

言語	韓国語：母国語、英語：TOEIC 830, OPIC IM2 級　日本語：JLPT N1 166, S-JPT 8 級
PC スキル	MS Office Word, Excel, PowerPoint 活用可能
趣味	スキューバダイビング、スノーボード、アニメ, 社会論点に関した公共スピーチ鑑賞等

第3章　外国人の入社と届出

在留資格認定証明書交付申請
『投資・経営』の在留資格を申請する

　日本において起業したり貿易などの事業の経営を開始するケースや、これらの事業に投資して経営に関与する場合、外国人に必要となる在留資格です。外資系企業の経営者や管理者などが該当します。『投資・経営』の在留カードはステータスシンボルとなるものです。
　この在留資格については、貿易の自由化、資本の自由化など世界経済の自由化に対応し、外資系企業の経営者、管理者等を外国から受け入れるために設けられたものです。

　ただし、中小企業の場合には、役員であっても一人の外国人にしか『投資・経営』の在留資格は与えられません。一方、大企業（上場企業レベル）は、複数の役員・支店長クラスの人材に対し『投資・経営』の在留資格が与えられます。

　『投資・経営』の在留資格に対応する在留期間は、1年または3年、5年になります。高度人材ポイント制においてポイントが70点以上となると変更申請で『特定活動』の在留資格が与えられます。
　「投資・経営」の在留資格は、取得に関してかなり厳格に審査されるので、その要件を満たすには、正確でかつ説得力のある資料の作成と提出が求められます。

　該当要件として、事業の運営に関する重要事項の決定、業務の執行もし

くは監査の業務に従事する社長、取締役、監査役の役員としての活動を行っていることが求められます。

一方、事業の管理の責任者としての部長、工場長、支店長などの活動を立証しなくては許可されません。

さらに、申請人が、日本国内の拠点において在留し、その事業が安定的かつ継続的に運営されるものでないといけません。

日本で行おうとする企業活動の経営基盤が弱い、売上げや営業活動などの経営実績が乏しい、財務内容から判断して経営が安定していないという要因があると、入国管理局では、在留資格の許可に否定的な見解を示します。つまり、人間だけではなく、企業の実態についても詳細な資料の提出が求められるのです。

中小企業を起業する場合では基本的に、最低ラインとして外国人が、500万円以上の資金を日本の拠点に対して投下していることを立証しなくてはなりません。この場合、自宅とは別に事務所を確保することも必要です。事務所の家賃やコピー機、オフィス家具に投下する額も含めて500万円という形で問題ありません。これが、入国管理局の示す経営基盤を満たすための基準になるのです。語学スクール等であれば、500万円の資本で足りますが、自動車の輸出を行う企業などは、より大きな資本を投下しないと許可が出ないことがあります。

これに対し新しい高度人材ポイント制の評点が70点を超える外国人は高度経営・管理活動が認められます。従来の投資・経営との大きな違いは、高度経営・管理活動が認められると日本人のみが投資している事業の経営・管理ができるようになります。

●提出書類

『投資・経営』の在留資格を申請するためには以下の提出書類が基本書類となります。実際に提出する書類については入国管理局から請求されるものもあるので参照程度に留めておいてください。カテゴリー制度導入により企業の規模によって提出書類が異なります。

区分（所属機関）	カテゴリー1	①日本の証券取引所に上場している企業 ②保険業を営む相互会社 ③外国の国・地方公共団体 ④国・地方公共団体認可の公益法人（特例民法法人）
	カテゴリー2	前年分の職員の給与所得の源泉徴収票等の法定調書合計表により1,500万円以上の納付が証明された団体・個人
	カテゴリー3	前年分の職員の給与所得の源泉徴収票等の法定調書合計表が提出された団体・個人（カテゴリー2を除く）
	カテゴリー4	上のいずれにも該当しない団体・個人
共通		①在留資格認定証明書交付申請書1通（発行日から3カ月以内のもの）。 ②写真（縦4cm×横3cm）を1枚。申請前6カ月以内に正面から撮影した無帽、無背景で鮮明な写真であること。裏面には、申請人の氏名を記載し、申請書の写真欄に貼付してください。 ③返信用封筒（定形封筒に宛先を明記の上、392円分の切手〈簡易書留用〉を貼付）。 ④上記カテゴリーのいずれかに該当することを証明する文書　適宜 　カテゴリー1：四季報の写しまたは日本の証券取引所に上場していることを証明する文書（写し） 　主務官庁から設立の許可を受けたことを証明する文書（写し） 　カテゴリー2及びカテゴリー3：前年分の職員の給与所得の源泉徴収票等の法定調書合計表（受付印のあるものの写し）
カテゴリー3及び4が必要な書類		カテゴリー1及びカテゴリー2については、その他の資料は原則不要。 ⑤株主名簿その他の投資額を明らかにする資料　1通 ⑥申請人の活動の内容等を明らかにする次のいずれかの資料 　(1)日本法人である会社の役員に就任する場合 　　役員報酬を定める定款の写しまたは役員報酬を決議した株主総会の議事録（報酬委員会が設置されている会社にあっては同委員会の議事録）の写し

カテゴリー3及び4が必要な書類	1通 (2)外国法人内の日本支店に転勤する場合及び会社以外の団体の役員に就任するの場合 　地位（担当業務）、期間及び支払われる報酬額を明らかにする所属団体の文書（派遣状、異動通知書等）　1通 (3)日本において管理者として雇用される場合 　労働基準法第15条第1項及び同法施行規則第5条に基づき、労働者に交付される労働条件を明示する文書（雇用契約書等）　1通 ⑦日本において管理者として雇用される場合、事業の経営または管理について3年以上の経験（大学院において経営または管理に係る科目を専攻した期間を含む。）を有することを証する文書 (1)関連する職務に従事した機関並びに活動の内容及び期間を明示した履歴書　1通 (2)関連する職務に従事した期間を証明する文書（大学院において経営または管理に係る科目を専攻した期間の記載された当該学校からの証明書を含む。）　1通 ⑧事業内容を明らかにする次のいずれかの資料 (1)勤務先等の沿革、役員、組織、事業内容（主要取引先と取引実績を含む。）等が詳細に記載された案内書　1通 (2)その他の勤務先等の作成した上記(1)に準ずる文書　1通 (3)登記事項証明書　1通 ⑨事務所用施設の存在を明らかにする資料 (1)不動産登記簿謄本　1通 (2)賃貸借契約書　1通 (3)その他の資料　1通 ⑩直近の年度の決算文書の写し　1通
カテゴリー4のみ必要な書類	⑩直近の年度の決算文書の写し。新規事業の場合は事業計画書。　1通 ⑪前年分の職員の給与所得の源泉徴収票等の法定調書合計表を提出できない理由を明らかにする次のいずれかの資料 (1)源泉徴収の免除を受ける機関の場合 　外国法人の源泉徴収に対する免除証明書その他の源泉徴収を要しないことを明らかにする資料　1通 (2)上記(1)を除く機関の場合 ・給与支払事務所等の開設届出書（注1）の写し　1通 ・次のいずれかの資料 　ア直近3カ月分の給与所得・退職所得等の所得税徴収高計算書（領収日付印のあるものの写し）　1通 　イ納期の特例を受けている場合は、その承認を受けていることを明らかにする資料　1通

注1: 給与支払事務所等の開設届出書は、開設から1カ月以内に企業の所在地の所轄税務署に提出する書類です。

在留資格認定証明書交付申請
『人文知識・国際業務』の在留資格を申請する

　日本国内の公的機関、一般企業などと行う契約に基づく業務のうち法律学、経済学、社会学など人文科学の分野に関する知識を必要とする方を対象に在留カードが発行されます。

　ただし、『教授』、『芸術』、『報道』、『投資・経営』、『法律・会計業務』、『医療』、『研究』、『教育』、『企業内転勤』及び『興行』に関する在留資格に該当するものは除きます。

　『人文知識・国際業務』に該当する職種としては、通訳、貿易業務、服飾もしくは室内装飾のデザイナー、商品開発、語学学校の教師、アナリスト、リサーチャーなどが該当します。商社で市場開発を行う場合や、国際広報、証券会社のトレーダーなどもこの在留資格に該当します。

●提出書類

　人文知識・国際業務の在留資格を申請するには、申請人である外国人は、以下の書類を用意し、提出しなければなりません。

　なお、日本で発行される証明書については、発行日から3カ月以内のものを用意する必要があります。カテゴリー制度導入により所属機関の規模により提出する書類の種類が異なります。カテゴリーの分類は、上場か非上場か、前年分の職員の給与所得の源泉徴収票等の法定調書合計表により区分されます。

　なお、入国管理局における審査の過程で、この他にも資料の提出が必要となることがあります。

区分（所属機関）	カテゴリーによる所属機関の分類の方法は、『投資・経営』（108P）と同様
共通	①在留資格認定証明書交付申請書（発行日から3カ月以内のもの）。 ②写真（縦4cm×横3cm）を1枚。申請前6カ月以内に正面から撮影した無帽、無背景で鮮明な写真であること。裏面には、申請人の氏名を記載し、申請書の写真欄に貼付してください。 ③返信用封筒（定形封筒に宛先を明記の上、392円分の切手〈簡易書留用〉を貼付）。 ④上記カテゴリーのいずれかに該当することを証明する文書　適宜 　カテゴリー1：四季報の写しまたは日本の証券取引所に上場していることを証明する文書（写し） 　主務官庁から設立の許可を受けたことを証明する文書（写し） 　カテゴリー2・3：前年分の職員の給与所得の源泉徴収票等の法定調書合計表（受付印のあるものの写し） ⑤専門学校を卒業し、専門士または高度専門士の称号を取得した者については、専門士または高度専門士の称号を付与されたことを証明する文書　1通
カテゴリー3及び4が必要な書類	カテゴリー1及びカテゴリー2については、その他の資料は原則不要。 ⑥申請人の活動の内容等を明らかにする次のいずれかの資料 　(1)労働契約を締結する場合 　　労働基準法第15条第1項及び同法施行規則第5条に基づき、労働者に交付される労働条件を明示する文書　1通 　(2)日本法人である会社の役員に就任する場合 　　役員報酬を定める定款の写しまたは役員報酬を決議した株主総会の議事録（報酬委員会が設置されている会社にあっては同委員会の議事録）の写し　1通 　(3)外国法人内の日本支店に転勤する場合及び会社以外の団体の役員に就任する場合 　　地位（担当業務）、期間及び支払われる報酬額を明らかにする所属団体の文書　1通 ⑦申請人の学歴及び職歴その他経歴等を証明する文書 　(1)申請に係る知識を要する業務に従事した機関及び内容並びに期間を明示した履歴書　1通 　(2)学歴または職歴等を証明する次のいずれかの文書 　　・大学等の卒業証明書またはこれと同等以上の教育を受けたことを証明する文書　1通 　　・関連する業務に従事した期間を証する文書（大学、高等専門学校、高等学校または専修学校の専門課程において当該技術または知識に係る科目を専攻した期間の記載された当該学校からの証明書を含む。）　1通

カテゴリー3及び4が必要な書類	※【共通】⑤の資料を提出している場合は不要 ＊外国の文化に基盤を有する思考または感受性を必要とする業務に従事する場合（大学を卒業した者が翻訳・通訳または語学の指導に従事する場合を除く。）は、関連する業務について3年以上の実務経験を証明する文書　1通 ⑧事業内容を明らかにする次のいずれかの資料 　(1)勤務先等の沿革、役員、組織、事業内容（主要取引先と取引実績を含む。）等が詳細に記載された案内書　1通 　(2)その他の勤務先等の作成した上記(1)に準ずる文書　1通 　(3)登記事項証明書　1通 ⑨直近の年度の決算文書の写し　1通
カテゴリー4のみ必要な書類	⑨直近の年度の決算文書の写し。新規事業の場合は事業計画書　1通 ⑩前年分の職員の給与所得の源泉徴収票等の法定調書合計表を提出できない理由を明らかにする次のいずれかの資料 　(1)源泉徴収の免除を受ける機関の場合 　　外国法人の源泉徴収に対する免除証明書その他の源泉徴収を要しないことを明らかにする資料　1通 　(2)上記(1)を除く機関の場合 　・給与支払事務所等の開設届出書の写し　1通 　・次のいずれかの資料 　ア　直近3カ月分の給与所得・退職所得等の所得税徴収高計算書（領収日付印のあるものの写し）　1通 　イ　納期の特例を受けている場合は、その承認を受けていることを明らかにする資料　1通

ワンポイントアドバイス　ワーキングホリデーの利用者の採用について

　日本は現在、オーストラリア、ニュージーランド、カナダ、韓国、フランス、ドイツ、イギリス、アイルランド、デンマーク、中華民国（台湾）、香港、ノルウェーとワーキングホリデーの協定を結んでいます。これらの国や地域から来日した若者（25歳または30歳まで）は、日本で1年間休暇を楽しみながら、滞在資金を補うために就労することができます。企業がワーキングホリデー（特定活動）の在留資格で日本に来た外国人を正社員として採用したい場合、母国で大学をすでに卒業しているなど条件が『人文知識・国際業務』や『技術』に合致していれば、在留資格変更申請をすることにより雇用することが可能になります。

在留資格認定証明書交付申請

『技能』の在留資格を申請する

第3章 外国人の入社と届出

　企業活動の関係で、この在留資格に関連するのは、レストランなどの外食産業や、スポーツクラブなどの施設や宝石関連の業界などです。

　あくまでも、経験を有することを立証した上で、スキルに問題なしと判断されると、当該外国人の日本入国が可能となります。

　日本の公的な機関や、企業と契約により携わる産業の中でも特殊な分野の熟練した技術を持つ外国人で、入国管理局の基準に該当する者のみが対象となる在留資格が、『技能』なのです。現実としては、この資格の90％がコックとして来日しています。

　もし、中華料理の専門店を開きたいというときは、中国人のコックを招きたいと考えるのが当然です。この場合、ちゃんとコックに給与を払うだけの売り上げの確保ができるかという側面と、そのコックが十分な経験をつんだ人間かどうかという部分がチェックされます。中華料理は外国において考案されたわが国において特殊なものという前提条件がありますので、例えば、フランス人が中国で中華料理を学んだとしても中華料理店で働くために『技能』の資格では在留できません。このケースでは、中国で生まれ育ち、コース料理を出すような本格的な中華料理の現場で働いてきた人が対象となります。

　建築関係であれば、「外国に特有の建築または土木に係る技能」に関連して、日本では特殊なものとして認められることにより、外国人の職人が、『技能』の在留資格で来日することができます。

　工芸品などでは、ベネチアグラスの職人や、ペルシャじゅうたんの製造

113

修理に関連した仕事をする外国人であれば、「外国に特有の製品の製造または修理にかかる技能」に該当するので、『技能』の資格で入国できます。

スポーツ関連産業であれば、スポーツクラブのインストラクターなどで、指導を行う立場の人は、「技能」の活動に該当することになります。

●提出書類（料理人の場合）

区分（所属機関）	カテゴリーによる所属機関の分類の方法は、『投資・経営』（108P）と同様
共通	①在留資格認定証明書交付申請書（発行日から3カ月以内のもの）。 ②写真（縦4cm×横3cm）を1枚。申請前3カ月以内に正面から撮影された無帽、無背景で鮮明なもの。裏面に申請人の氏名を記載し、申請書の写真欄に貼付してください。 ③パスポート及び在留カード（在留カードとみなされる外国人登録証明書を含む）　提示 ④返信用封筒(定形封筒に宛先を明記の上、392円分の切手〈簡易書留用>を貼付）。 ⑤ カテゴリーのいずれかに該当することを証明する文書　適宜 カテゴリー1：四季報の写しまたは日本の証券取引所に上場していることを証明する文書（写し） 　主務官庁から設立の許可を受けたことを証明する文書（写し） カテゴリー2及びカテゴリー3：前年分の職員の給与所得の源泉徴収票等の法定調書合計表（受付印のあるものの写し） ⑥従事する業務の内容を証明する所属機関の文書　1通 ⑦申請に係る技能を要する業務に従事した機関及び内容並びに期間を明示した履歴書　1通
カテゴリー3及びカテゴリー4が必要な書類	⑧申請人の職歴を証明する文書 　(1)所属していた機関からの在職証明書（所属機関の名称、所在地及び電話番号が記載されているものに限る。）等で、申請に係る技能を要する業務に従事した期間を証明する文書（外国の教育機関において当該業務に係る科目を専攻した期間を含む。）　1通 　(2)公的機関が発行する証明書がある場合は、当該証明書の写し（中華料理人の場合は戸口簿及び職業資格証明書）　1通 ⑨ 申請人の活動の内容等を明らかにする次のいずれかの資料 　(1)労働契約を締結する場合 　　労働基準法第15条第1項及び同法施行規則第5条に基づき、労働者に交付

カテゴリー3及びカテゴリー4が必要な書類	される労働条件を明示する文書　1通 (2)日本法人である会社の役員に就任する場合 　役員報酬を定める定款の写しまたは役員報酬を決議した株主総会の議事録（報酬委員会が設置されている会社にあっては同委員会の議事録）の写し　1通 ⑩ 事業内容を明らかにする次のいずれかの資料 　(1)勤務先等の沿革、役員、組織、事業内容（主要取引先と取引実績を含む。）等が詳細に記載された案内書　1通 　(2)その他の勤務先等の作成した上記(1)に準ずる文書　1通 　(3)登記事項証明書　1通 ⑪直近の年度の決算文書の写し　1通
カテゴリー4のみ必要な書類	⑪直近の年度の決算文書の写し。新規事業の場合は事業計画書　1通 ⑫前年分の職員の給与所得の源泉徴収票等の法定調書合計表を提出できない理由を明らかにする次のいずれかの資料 (1)源泉徴収の免除を受ける機関の場合 　外国法人の源泉徴収に対する免除証明書その他の源泉徴収を要しないことを明らかにする資料　1通 (2)上記(1)を除く機関の場合 　a.給与支払事務所等の開設届出書の写し　1通 　b.次のいずれかの資料 　ア.直近3カ月分の給与所得・退職所得等の所得税徴収高計算書（領収日付印のあるものの写し）　1通 　イ.納期の特例を受けている場合は、その承認を受けていることを明らかにする資料　1通

　そのほかにも、入国管理局の審査の過程において、その他の証明資料の提出を求められることもあります。

　とくに、コックの招聘には近年かなり厳しい審査が行われる傾向があり、現地で実際に働いていたかどうかについても外務省の職員から電話調査が入ることもあります。このため、審査に関して時間がかかり、不許可になるケースが多いのが実情です。

　料理人として『技能』の在留資格を取得するためには、10年以上の実務経験が求められます。この実務経験のポイントとなるのは、「外国において考案されたもので、日本においては特殊なもの」に該当する調理に従事した経験です。コース料理を調理できることが目安で、在職証明書や調理師

の職業資格、所属したレストランのメニュー等でこのポイントを証明しなければいけません。

さらに、本人が調理をしている写真や、実際に調理した料理の写真、レストランガイドの写しなども可能であれば提出します。

Column

在留期間更新の特例とは何ですか？

通常、入国管理局に外国人が在留資格の期間更新許可を申請した場合、1カ月以内に結果が出ます。

ただし、外国人が、以前申請したときとは違う企業に転職した場合などは、それ以上審査にかかることがあります。

英会話の教師が、同じような給与水準のA社からB社へと転職した場合などは、さほど問題になりません。例えば、『人文知識・国際業務』の在留資格の外国人が、洋服のデザインの仕事をしていたケースで、デザインの専門学校を卒業していた経歴の場合などは、旅行代理店に転職して通訳の仕事をすることは認められないことがあります。専門学校卒業では、通訳業務のみの仕事は、許可しないという入国管理局の審査基準があるからです。

このようなケースで、在留期間の満了日から30日を経過しても全く届かない場合などは、在留期間の満了日から40日を経過する前の日までに、入国管理局を訪問し、状況を問い合わせる必要があります。

現在、特例として在留期間更新を申請中の外国人は、申請前の在留期間が満了しても、更新申請の結果が判明する日までまたは当初の在留期間が満了する日から計算して2カ月を経過する日のどちらか早い日まで、日本国内に在留することは可能です。

もし、この期間になんら入国管理局に問い合わせをしないで、在留期間の満了の日から2カ月が経過してしまうと、オーバーステイとなり、その外国人に対し、退去強制手続きが始まりますので、ご注意ください。

在留資格認定証明書交付申請

『技術』の在留資格を申請する

第3章 外国人の入社と届出

　日本の公的機関や企業と契約を結んで行う業務で、理学、工学その他の自然科学の分野に属する技術または知識を要する場合の在留資格です。

　この在留資格に該当する職種としては、コンピューターエンジニア、機械工学の技術者、電気工学のエンジニア、ウエブデザイナー、工業製品のデザイナー、システムエンジニア、化学のリサーチ結果を商品化に結びつける仕事などがあります。『技術』の在留資格では、情報処理技術者の資格がある場合、その資格名や試験名とそれらを証明する文書も必要となります。実際、日本政府は、数多くの外国の技術資格を認めています。

　2009年9月から企業のカテゴリー制度によって、企業の規模によって提出書類が異なることとなりました。カテゴリー3、カテゴリー4の企業はとくに事業内容を明らかにする資料、決算書や雇用契約書（労働契約書）などを提出しなければなりません。また、カテゴリー3は前年の職員の給与所得の源泉徴収票等の法定調書合計表も提出しなくてはなりません。カテゴリー4は、新規に創業の企業等なのでこの法定調書合計表は必要ありませんが、人件費を十分支払うことができる財務力を証明する書類を提出しないと外国人の雇用は厳しい状況となります。

●提出書類

　『技術』の在留資格を申請する場合には、申請人（外国人）は、以下の書類を用意して提出する必要があります。なお、日本で発行される証明書はすべて、発行日から3カ月以内のものを提出してください。

区分（所属機関）	カテゴリーによる所属機関の分類の方法は、『投資・経営』（108P）と同様
共通	①在留資格認定証明書交付申請書1枚。（発行日から3カ月以内のもの） ②写真（縦4cm×横3cm）を1枚用意してください。写真の裏面には申請人の氏名を記載し、申請書の写真欄に貼付します。 ③返信用封筒（定形封筒に宛先を明記の上、392円分の切手〈簡易書留用〉を貼付） ④上記カテゴリーのいずれかに該当することを証明する文書　適宜 カテゴリー1：四季報の写しまたは日本の証券取引所に上場していることを証明する文書（写し） 主務官庁から設立の許可を受けたことを証明する文書（写し） カテゴリー2及びカテゴリー3：前年分の職員の給与所得の源泉徴収票等の法定調書合計表（受付印のあるものの写し） ⑤専門学校を卒業し専門士または高度専門士の称号を取得した者については、専門士または高度専門士の称号を付与されたことを証明する文書　1通
カテゴリー3及び4が必要な書類	カテゴリー1及びカテゴリー2については、その他の資料は原則不要。 ⑥申請人の活動内容等を明らかにする次のいずれかの資料 ⑴労働契約を締結する場合 　労働基準法第15条第1項及び同法施行規則第5条に基づき、労働者に交付される労働条件を明示する文書　1通 ⑵日本法人である会社の役員に就任する場合 　役員報酬を定める定款の写しまたは役員報酬を決議した株主総会の議事録（報酬委員会が設置されている会社で同委員会の議事録）の写し　1通 ⑶外国法人内の日本支店に転勤する場合及び会社以外の団体の役員に就任する場合 　担当業務、期間及び支払われる報酬額を明示した所属団体の文書　1通 ⑦申請人の学歴及び職歴その他経歴等を証明する文書 ⑴申請に係る技術または知識を要する職務に従事した機関及び内容並びに期間を明示した履歴書　1通 ⑵学歴または職歴等を証明する次のいずれかの文書 イ.大学等の卒業証明書またはこれと同等以上の教育を受けたことを証明する文書。なお、DOEACC制度の資格保有者の場合は、DOEACC資格の認定（レベル「A」、「B」または「C」に限る。）　1通 ロ.在職証明書等で、関連する業務に従事した期間を証明する文書（大学、高等専門学校、高等学校または専修学校の専門課程において当該技術または知識に係る科目を専攻した期間の記載された当該学校からの証明書を含む。）　1通 ハ.IT技術者については、法務大臣が特例告示をもって定める「情報処理技術」

カテゴリー3及び4が必要な書類	に関する試験または資格の合格証書または資格証書　1通 ※【共通】⑤の資料を提出している場合は不要 ⑧事業内容を明らかにする次のいずれかの資料 　(1)勤務先等の沿革、役員、組織、事業内容（主要取引先と取引実績を含む。）等が詳細に記載された案内書　1通 　(2)その他の勤務先等の作成した上記(1)に準ずる文書　1通 　(3)登記事項証明書　1通 ⑨直近の年度の決算文書の写し　1通
カテゴリー4のみ必要な書類	⑨直近の年度の決算文書の写し。新規事業の場合は事業計画書　1通 ⑩前年分の職員の給与所得の源泉徴収票等の法定調書合計表を提出できない理由を明らかにする次のいずれかの資料 　(1)源泉徴収の免除を受ける機関の場合 　　外国法人の源泉徴収に対する免除証明書その他の源泉徴収を要しないことを明らかにする資料　1通 　(2)上記(1)を除く機関の場合 　　・給与支払事務所等の開設届出書の写し　1通 　　・次のいずれかの資料 　ア　直近3か月分の給与所得・退職所得等の所得税徴収高計算書（領収日付印のあるものの写し）　1通 　イ　納期の特例を受けている場合は、その承認を受けていることを明らかにする資料　1通

　なお、入国管理局に申請をした後に審査の過程で、この他にも資料を求められる場合があります。また、この他に任意でなぜその技術者が必要となるのかの採用理由書を作成することをお勧めいたします。

　例えば、国際的に通用するシステムを構築するために、英語、日本語、IT技術のすべての能力をクリアできるインド人技術者を採用することができたので、日本に招聘したいというような理由を明記します。法務大臣が認めている情報処理技術者試験の例には、次のようなものがあります。

①ITストラテジスト試験②システムアーキテクト試験③プロジェクトマネージャ試験④ネットワークスペシャリスト試験⑤データベーススペシャリスト試験⑥エンベデッドシステムスペシャリスト試験⑦情報セキュリティスペシャリスト試験⑧ITサービスマネージャ試験⑨システム監査技術者試験⑩応用情報技術者試験⑪基本情報技術者試験

在留資格認定証明書交付申請

『企業内転勤』の在留資格を申請する

　日本に本店、支店その他の事業所がある外国人の職員が、期間を定めて日本国内の事務所で働く際に必要になる在留資格で、法律、経営学等の人文科学の分野または物理、工学等の自然科学の分野に属する知識を必要とする業務が該当します。なお、親会社、子会社及び関連会社間の相互の異動についても**企業内転勤**に含まれます。

　在留資格のうち『技術』や『人文知識・国際業務』と違って『企業内転勤』で在留する場合は、外国人は、同じ企業内の転勤という形で日本国内において勤務することになります。通常は、海外で雇用した際に雇用契約を結んでいるため、日本においてその外国人と再び雇用契約を結ぶ必要はありません。

　国際的に事業を展開する企業が増える中、人事異動で海外の関連会社から転勤する外国人は増える一方です。この流れに対応する目的で設けられたのが『企業内転勤』という在留資格です。

　あくまでも日本国内に事務所が存在していることが前提なので、事務所が確保されていないときには、『企業内転勤』の在留資格は認められません。このケースでは、『短期滞在』の在留資格で来日し、日本に事業所を開設してから『企業内転勤』の在留資格認定証明書交付申請手続きを行うことになります。さらに、入国管理局では、転勤する前の1年以上は海外の関連会社で雇用されていたという実績を求めてきます。これは、日本国内の事務所で働くことのみを目的としてこの『企業内転勤』という在留資格を使うことを防ぐためです。

基本的な方針として、入国管理局が示しているのは、企業の実務に関して専門的な知識をもった社員のみが企業内転勤の該当者になるということです。なお、『企業内転勤』の在留資格をもって在留する外国人は、１年、３年もしくは5年の在留資格が与えられます。財政基盤のしっかりした一部上場企業であると、最初から３年の在留期間が与えられることが多いようです。なお、必要があれば、在留期間の更新も認められます。

●提出書類

区分（所属機関）	カテゴリーによる所属機関の分類の方法は、『投資・経営』（108P）と同様
共通	①在留資格認定証明書交付申請書1枚。（発行日から3カ月以内のもの） ②写真（縦4cm×横3cm）を1枚ご用意ください。なお、写真は、申請前6カ月以内に正面から撮影されたもので無帽、無背景で鮮明なものが必要です。写真の裏面には申請人の氏名を記載し、申請書の写真欄に貼付してください。 ③返信用封筒（定形封筒に宛先を明記の上、392円分の切手（簡易書留用）を貼付したもの）をご用意ください。 ④上記カテゴリーのいずれかに該当することを証明する文書　適宜 カテゴリー1：四季報の写しまたは日本の証券取引所に上場していることを証明する文書（写し） 　主務官庁から設立の許可を受けたことを証明する文書（写し） カテゴリー2及びカテゴリー3：前年分の職員の給与所得の源泉徴収票等の法定調書合計表（受付印のあるものの写し）
カテゴリー3及び4が必要な書類	カテゴリー1及びカテゴリー2については、その他の資料は原則不要。 ⑤申請人の活動の内容等を明らかにする次のいずれかの資料 　（活動内容、期間、地位及び報酬を含む。） 　⑴法人を異にしない転勤の場合 　　・転勤命令書の写し　1通 　　・辞令等の写し　1通 　⑵法人を異にする転勤の場合 　　労働基準法15条1項及び同法施行規則5条に基づき、労働者に交付される労働条件を明示する文書　1通 　⑶役員等労働者に該当しない者については次のとおりとする。 　　イ．会社の場合は、役員報酬を定める定款の写しまたは役員報酬を決議した株主総会の議事録（報酬委員会が設置されている会社にあっては同委員会の

<table>
<tr><td rowspan="2">カテゴリー3及び4が必要な書類</td><td>

議事録）の写し　1通
ロ．会社以外の団体の場合は、地位（担当業務）、期間及び支払われる報酬額を明らかにする所属団体の文書　1通

⑥転勤前に勤務していた事業所と転勤後の事業所の関係を示す次のいずれかの資料
　(1)同一の法人内の転勤の場合
　　外国法人の支店の登記事項証明書等当該法人が日本に事業所を有することを明らかにする資料　1通
　(2)日本法人への出向の場合
　　当該日本法人と出向元の外国法人との出資関係を明らかにする資料　1通
　(3)日本に事務所を有する外国法人への出向の場合
　イ．当該外国法人の支店の登記事項証明書等当該外国法人が日本に事務所を有することを明らかにする資料　1通
　ロ.当該外国法人との出向元の法人との資本関係を明らかにする資料　1通
⑦申請人の経歴を証明する文書
　(1)関連する業務に従事した機関及び内容並びに期間を明示した履歴書　1通
　(2)過去1年間に従事した業務内容及び地位、報酬を明示した転勤の直前に勤務した外国の機関（転勤の直前1年以内に申請人が企業内転勤の在留資格をもって本邦に在留していた期間がある場合には、当該期間に勤務していた本邦の機関を含む。）の文書　1通
⑧事業内容を明らかにする資料
　(1)勤務先等の沿革、役員、組織、事業内容（主要取引先と取引実績を含む。）等が詳細に記載された案内書　1通
　(2)その他の勤務先等の作成した上記(1)に準ずる文書　1通
⑨直近の年度の決算文書の写し　1通

</td></tr>
<tr></tr>
<tr><td>カテゴリー4のみ必要な書類</td><td>

⑨直近の年度の決算文書の写し。新規事業の場合は事業計画書。　1通
⑩前年分の職員の給与所得の源泉徴収票等の法定調書合計表を提出できない理由を明らかにする次のいずれかの資料
　(1)源泉徴収の免除を受ける機関の場合
　　外国法人の源泉徴収に対する免除証明書その他の源泉徴収を要しないことを明らかにする資料　1通
　(2)上記(1)を除く機関の場合
　・給与支払事務所等の開設届出書の写し　1通
　・次のいずれかの資料
　ア．直近3カ月分の給与所得・退職所得等の所得税徴収高計算書（領収日付印のあるものの写し）　1通
　イ．納期の特例を受けている場合は、その承認を受けていることを明らかにする資料　1通

</td></tr>
</table>

なお、申請した後に、入国管理局における審査の過程において、その他の資料を求められる場合もあります。

> **ワンポイントアドバイス** 入管法とは？

「出入国管理及び難民認定法」のことをいいます。この法律の目的は日本に入国し、または日本から出国するすべての人の出入国の公正な管理を図ることです。日本において就労を希望する外国人は、すべてこの法律を守らなくてはなりません。

> **ワンポイントアドバイス** 企業の事業内容を明らかにする資料とは？

　入国管理局における審査の過程で、企業の事業内容を明らかにする資料が求められることがあります。会社案内、営業用のパンフレット、商品カタログ、リクルート用の案内書など、何を目的に活動しているのか企業の実像を映し出すものが該当します。

Column

在留資格の申請は本人でなくても行える「申請取次制度」

　外国人が在留資格の変更、在留期間の変更などの申請を行う場合、自ら地方入国管理局等に出頭して行うのが原則ですが、申請するのが本人であること、申請内容の不備などが確実に本人に伝わることなどが確認できる場合、本人でなくても申請できる制度があります。「申請取次制度」という制度で、一定の企業、学校の職員、弁護士又は行政書士、外国人の円滑な受け入れを図ることを目的とする公益社団法人又は公益財団法人の職員で、地方入国管理局長が適当と認めるものが申請人に代わって申請書等を提出することが認められています。また、弁護士や行政書士については、所属の弁護士会または行政書士会を経由して地方入国管理局長に届け出ることで同様の取り扱いがなされます。

在留資格認定証明書交付申請

『興行』の在留資格を申請する

　興行の在留資格は、放送番組や映画などエンタテイメント産業やテレビ等のマスコミが関連してくる在留資格です。『興行』の該当する範囲は、演劇、演芸、音楽、スポーツ、演奏の興行に関連した活動ということになります。たとえば、ブロードウエイミュージカルの役者たちを招いて、日本で公演してもらう際にはこの資格が求められます。

　また、外国人の野球選手が、日本のプロ野球チームと契約し、活動をするというときにも、この資格が該当します。従来は、この資格を使い数多くのフィリピン人のダンサーが入国しましたが、法律上厳格に審査されるようになり、その数は激減しています。キャバレーのダンサーのような目的で、この在留資格での来日することは現在では不可能となっています。

**　現在の基準では、外国人の芸能人が、外国の教育機関において活動に関連した科目を2年以上専攻しているか、2年以上外国における経験を有することが必要です。**

　また、日本側の受け入れ機関（企業）が、外国人を招くのが原則になっています。さらに、招く側の企業にも基準が設けられています。

　これは、暴力団系のブローカーやいいかげんな企業とのかかわりを断つためのものです。

　例えば、興行契約で、月額20万円以上の報酬の支払い義務や、外国人の興行に関連した業務に通算して3年以上の経験を有する経営者または管理者

がいることが必要です。

　さらに、5名以上の職員を常勤の形で採用していることが求められます。

　経営者や職員が、過去に不法就労に関与していたり、売春防止法に違反していたり、暴力団に所属をしていたり、人身取引を行った経歴があると、原則として『興行』の在留資格の許可を得ることはできません。

　ただし、外国の民族料理を提供する飲食店を経営する企業と契約で、月額20万円以上の報酬を得て、その国の民族音楽に関する歌謡、舞踊または演奏に関する活動に従事するときは、招き入れた企業との契約は必要ありません。

　例えば、スペイン料理店で、フラメンコのダンスと音楽を披露して客を楽しませるようなケースが該当します。

　13㎡以上の舞台があることや、9㎡以上の出演者の控え室など細かい要件も存在します。飲食店の経営する企業であっても、暴力団関係者や過去に不法就労に経営者や職員が関与していた場合は、『興行』の許可は下りません。

　基本的には、多くの観客に有料で、当該外国人が歌や踊りなど民族的な独自性のあるショーなどを披露し、継続的に行われるものでないと『興行』の在留資格は許可にならないものです。

企業活動に関連した『興行』の在留資格では、次の4つの活動も該当します。
①商品または事業の宣伝に係る活動
②放送番組または映画の製作に係る活動
③商業用写真の撮影に係る活動
④商業用のレコード、ビデオテープ、その他の記録媒体に録音または録画を行う活動

　『興行』については、対象となる活動が広くケースバイケースで、提出書類も異なりますので、入国管理局のホームページでご確認ください。多くの場合、時間の制約があるので、事前に入国管理局の窓口で相談することをお勧めします。

在留資格認定証明書交付申請

『特定活動』の在留資格を申請する

　ある意味、『特定活動』という在留資格は、一番わかりにくい存在かもしれません。他に該当する適当な資格がないときは『特定活動』という名称の在留資格を入国管理局が与えるケースが多いのが実情です。就労系として認められる特定活動と、働くことができない帰国準備の『特定活動』などが混在しています。内容確認が重要な在留資格です。

　2012年5月よりスタートした高度人材外国人で、合計点数が70点以上になった方に与えられるのも『特定活動』の在留資格です。

　このポイント制とは、高度な能力や資質を有する外国人（＝高度人材外国人）の受け入れを促進するためにできた制度です。「学歴」「職歴」「年収」などの項目にポイントを設け、ポイントの合計が70点を超えると法務省入国管理局から高度人材外国人と認定され、出入国管理の上で優遇措置を受けることができます。政府が今一番力を入れているのが、この外国人高度人材の招聘です。

　外国人の活動に関しては、非常に多岐にわたるので、すべてを類型化することはできません。そのため、類型化できない仕事に関しては、『特定活動』という名称の在留資格があたえられることになります。高度な専門的知識を必要とする特定の分野や情報処理の促進に関するものは該当するケースが多くなります。

たとえば、企業との関連では、インターシップの制度が、『特定活動』に該当します。インターシップは、外国の大学生が、大学教育の一環として日本の企業の中で就業体験をするものです。

　また、構造改革特別区域法において在留資格に関する特例措置として規定されていた「特定研究活動」、「特定研究事業活動」、「特定研究等家族滞在活動」、「特定情報活動」、「特定情報処理家族滞在活動」ならびにこれに準ずる「外国人教授の活動内容」と「外国人教授の家族滞在活動」は、『特定活動』と規定されています。現在は、平成18年の入管法の改正を受けて全国規模で実施されています。

　さらに、上陸特別許可、在留資格変更許可、在留特別許可に基づいて在留が認められた場合には、『特定活動』の在留資格が与えられることもあります。たとえば、就職に失敗した留学生が『特定活動』の在留資格で一定期間日本に在留できるケースがあります。この場合、最大（180日×2＝360日）までとなります。

　ほかにも、『投資・経営』の在留資格を持つ外国人が、自分の国の国籍を持つ家事使用人を雇用する場合もなども、この『特定活動』の在留資格が与えられることになります。

　企業スポーツの世界で活躍するラクビーやバスケットボールのプレイヤーについても、『特定活動』の在留資格の対象となります。このための条件として、オリンピック大会、世界選手権大会、その他の国際的な競技会に出場したことがある者で、日本のアマチュアスポーツの振興及び水準の向上等のために月額25万円以上の報酬を払う契約で、企業に雇用されることが必要です。

　『特定活動』については、法務大臣の裁量権により、今後もさまざまな分野での活動に対応できるよう、増えていく可能性があります。例えば2015年4月から施行される以前、日本の建設業で技能実習生として働いた人の再来日による就労についても、『特定活動』の在留資格が与えられます。

在留資格認定証明書交付申請

『家族滞在』の在留資格を申請する

　外国人が、『教授』、『芸術』、『報道』、『投資・経営』、『法律・会計業務』、『医療』、『研究』、『教育』、『技術』、『人文知識・国際業務』、『企業内転勤』、『興行』、『技能』、『文化活動』、『留学』の在留資格をもって在留している場合、扶養者は、『家族滞在』の在留資格を申請し、許可されれば日本に滞在することが可能となります。

　『家族滞在』の在留資格の申請人は、日本への入国・在留を希望している外国人労働者の配偶者や子供ということになります。企業の担当者にとっても、社員の採用に関連してその家族の在留資格に該当するものなので、知識が必要です。
　この在留資格の注意点は、原則として就労活動のできない在留資格ということです。なお、「扶養を受ける」という法的な立場から就労する外国人は、経済的な裏付け（扶養能力）を求められることになります。呼ぶ人数が多いと、家族を日本に呼び寄せる理由書の提出を求められるケースもあります。加えて、家族が住む場所と、その間取りについて図面や文書で説明を求められるケースもあります。なお、外国人社員の親については『家族滞在』の在留資格の対象外となっています。

　また、家族が行える活動の範囲は、家事と教育機関において教育を受ける活動に限定されます。もし、語学学校の教師として働きたい場合などは、資格外活動の許可を入国管理局より受ける必要があります。原則として、

● 提出書類

①在留資格認定証明書交付申請書。
②写真（縦4cm×横3cm）1枚用意してください。申請前6カ月以内に正面から撮影された無帽、無背景で鮮明な写真が必要です。写真の裏面には申請人の氏名を記載し、申請書の写真欄に貼付するようにします。
③返信用封筒（定形封筒に宛先を明記の上、送料分の切手392円〈簡易書留用〉を貼付したもの）を用意してください。
④申請人（外国人）と扶養者との身分関係を証明する文書を用意してください。戸籍謄本、婚姻届受理証明書、結婚証明書（写し）、出生証明書（写し）かそれに準ずる文書が必要です。
⑤扶養者の外国人登録証明書または旅券の写し
⑥扶養者の職業及び収入を証明する文書が必要です。扶養者が収入を伴う事業を運営する活動又は報酬を受ける活動を行っている場合は、在職証明書か営業許可証の写しが必要です。さらに、住民税の課税証明書（または非課税証明書）および納税証明書（1年間の総所得及び納税状況が記載されたもの）を用意してください。報酬を受ける活動を行っていないときには、預金残高証明書や奨学金給付に関する証明書など申請人の生活費用を支弁することができることを証明することが求められます。

週28時間までの資格外活動は認められます。

このほかにも、入国管理局の審査の過程で、上記以外の資料を求められる場合もありますので、ご注意ください。

なお、カテゴリー1に属する企業に就労する社員の家族の場合は審査が優遇され、2週間程度で許可が下ります。その他のカテゴリーの場合、審査に約2カ月前後かかります。

> **ワンポイントアドバイス** 『家族滞在』の在留資格で来た配偶者と離婚した場合は？
>
> 離婚した事実があった日から14日以内に地方入国管理局へ出頭するか、郵送で報告しなければいけません。郵送の場合　〒108-8255　東京都港区港南5-5-30　東京入国管理局　在留管理情報部門　届出受付担当

ワンポイントアドバイス ホームページの必要性

　近年、会社案内としてホームページを活用する企業が増えています。実際、東京入国管理局の審査官の話では、申請の際、外国人を採用する企業がどのような企業なのか確認するために、ホームページを開くことが多いといいます。企業活動の実態把握や安定性・継続性を確認するために重要な情報源だからです。逆にいえばホームページすら開設していない企業だと、本当に事業展開しているかどうか疑念を持たれ、審査上不利になる可能性もあります。

Column

短期滞在在留資格の変更・延長

　入管法では、基本的には短期滞在から他の在留資格への変更は認めない立場を採っています。

　ただし、やむを得ない特別の事情に基づくものの場合、許可されることもあります。

　例えば、短期滞在で海外の支店からやって来た社員が、会社の都合で日本国内において3カ月以上働いてもらう必要が出た場合、短期滞在の在留期間が切れるまでに在留資格認定証明書交付申請をして許可を得た後、『企業内転勤』への在留資格変更の手続きをすれば、再び外国人が海外に戻ることなく変更の許可が認められることがあります。

　また、短期滞在で来ていた外国の子会社の社員が急病で入院してしまったケースでは医師の診断書があれば、短期滞在ビザの延長が認められます。

　入国管理局の配慮で、企業や外国人社員が余分な経費をかけることのない対応が採られることは喜ばしいことです。

　もちろん、すべてのケースで許可が下りるわけではないので、行政書士への相談をお勧めします。

在留資格の申請の事例

事例でみる就労系在留資格申請のポイント

第3章 外国人の入社と届出

　外国人の雇用に関しては、申請理由書を作成し、採用する理由を詳しく、入国管理局の審査官に説明することが有効です。書類審査のために、詳しく内容が記載されていないと、審査官も判断できないことが多いのが現実です。説明とその証明資料が不十分であると、追加資料の提出命令等があり、審査に要する期間が、長くなり、外国人社員をタイムリーに雇えないという機会損出が発生します。説明のポイントは、自社が、どのような事業を展開しており、どのような理由で、何の仕事を担当してもらうために、どういう能力を有する外国人をいつからいつまで、採用する予定かを丁寧に文章で説明することです。企業の安定性と、雇用の継続性も重要な合否をわけるポイントですので、分かりやすく説明をしていく必要があります。

　これから紹介する7例は、最近、私が手がけた申請事例で、入国管理局から許可が認められた案件を参考に、ケーススタディの形式にしたものです。

　行政書士が在留資格の申請業務を行う場合、「申請理由書」を作成します。このとき、依頼主の企業担当者や採用予定の外国人の方から話を聞いて、それを説明文にしてまとめあげます。

　入国管理局の審査は、書類審査なので、膨大な案件に目を通さなくてはならない入国審査官が理解できるように、詳細な状況説明を行うようにします。「なぜ御社はこの外国人を採用するのですか？　その理由についてわかりやすく説明してください」と質問されたときの回答が、この申請理由書に記述する内容なのです。

事例1　本人からの申請理由書

音楽産業に就職を希望する
イギリス人男性（28歳）

在留資格の変更申請／『留学』→『人文知識・国際業務』

　私は、英国籍のAと申します。昨年から就職活動を続け、この度、株式会社Eに就職が決まりました。

　株式会社Eは、①別添の会社案内でお分かりいただけるように、音楽産業に属する企業で、そのうちの一つの柱として海外で収録した音楽を日本の市場向けに販売する業務を展開しています。

　音楽は国境を超えて流通いたしますので、海外で収録された音楽を日本の市場で販売しようとしたときには、著作権の交渉を英語その他外国語で行う必要があります。

　②私に与えられた肩書きは国際市場開発担当で、海外の音楽事務所やスタジオと英語にて交渉し、契約書を交す業務や、日本で売れる可能性のある楽曲の選定と音楽著作権の交渉を英語にて行います。

　すでに専門学校の在学中に、資格外活動許可を貴入国管理局よりお許しいただいておりましたので、1週28時間の範囲で、音楽著作権契約の業務等をお手伝いしておりました。

　③今後、『人文知識・国際業務』の在留資格を与えていただければ、株式会社Eが、会社所属のアーティストが海外においてコンサートを開く際に現地マネジメント会社との英語や中国語での交渉を行う業務も任されることになっています。

　私が、採用された大きな理由は、専門学校で音楽著作権について勉強し、自らもピアノを弾くなど音楽に関する知識が豊富で、かつ英語や中国語で商談ができるということです。

インターネットの普及等で、日本人の音楽の好みも多様化し、今後様々なジャンルの音楽を日本に紹介するチャンスは大きいと考えています。
　また、日本のアーティストを海外の市場に紹介し、日本発の音楽が外国の皆様に受け入れられるよう努力を重ねてまいります。
　△△社長にも、私の持つ能力を最大限に評価していただいております。
④今後は、社会人として日本での納税義務も果たし、日本社会に貢献していく所存です。どうか今回の『留学』から『人文知識・国際業務』への変更申請に関しまして許可をいただきたくお願い申し上げます。

書き方のポイント

①会社案内の添付
　会社の規模や事業内容を理解してもらうために、商品パンフレットや会社案内などを添付するといいでしょう。

②仕事の内容を具体的に
　入社後、どんな肩書きでどのような内容の仕事を任される予定か具体的に説明しましょう。英語力と音楽の知識の両方が必要とされることを明記します。

③希望する在留資格の種類
　『人文知識・国際業務』の在留資格を希望することを明記します。

④日本社会への貢献の決意
　入社後は音楽産業の発展のために努めるとともに、日本社会に貢献することを誓います。

内容のポイント

　自分の勉強してきた知識が、就職先の仕事に直接結びつくことを説明します。就職先で、具体的にどのような仕事を担当することになるのか資料を添付して説明しましょう。企業側から、経営者としてなぜ、この人材の採用が必要なのか、業務内容と関連させて書くことが大切です。学生時代に、この企業においてアルバイト社員として働いていた経験と、実績について触れます。レコーディングを担当する取引先と交渉するためには、音楽に関する高度な知識と英語のコミュニケーション能力が必要とされる点を強調しましょう。

> 事例2　本人からの申請理由書

韓国料理のテイクアウト店の経営を希望する韓国人男性（38歳）

在留資格の新規申請／『投資・経営』

　私は、韓国からまいりましたCと申します。①韓国で、3年前より株式会社○○という名の企業を経営しておりまして、このたび、日本において事業の展開をすることにいたしました。日本の法人は、△△△△年△月△日に登記しました。その後、短期滞在で複数回来日し、事業開始までの準備を行ってまいりました。現在も日本に滞在しております。

　今回、日本人のビジネスパートナーであるZ氏と共同で、神奈川県川崎市××駅商店街（川崎市AB区××1-2-3　CDEビル）で、②韓国風スタイルのプルコギをベースにしたから揚げと、韓国風のホットケーキであるホトックをテイクアウトの形で、販売をしていきたいと考えています。

　店名は、「○○○○」で、××××年×月に事業を開始し、日本人の取締役Z氏が、事業を管理運営しております。これから、私は、事業の拠点を日本に移し、日本に居住して、今後企業経営に参画したいと考えています。

　韓国の料理店等は、東京都新宿区新大久保駅周辺に多く集まっていますが、私は、あえて韓国の料理店の集中する地区を避け、神奈川県の住宅街に展開する道を選びました。すでに、私は、この事業を展開するために、600万円を超える資金を投資しております。③私は、○○大学経済学部を卒業してから、実務の世界で働き、お金を蓄えてきました。

　④今回の事業における売り上げも、月120万円を超えるレベルを確保できる見込みがあり、年間で、1500万円程度の年商を予定しております。

　今回、私が力を注ぎたいと考えておりますのが、ホトックという韓国風のパンケーキですが、子供と主婦をメインターゲットとして、拡販を目指

していきます。新しいスイーツということで、マスコミ向けにもＰＲを展開していければと考えています。今回、日本人のパートナーとして、Ｚ氏が、私のビジネスプランを理解し、日本市場向けの事業の立ち上げを担当してもらっています。彼の経営手腕で、ようやく、事業のスタートラインにたどり着くことができました。

　今回、在留資格認定証明書交付申請をさせていただきますので、⑤<u>私に、『投資・経営』の在留資格を与えていただきたくお願い申し上げます</u>。

書き方のポイント

①母国での事業の実績
　　母国でも経営者の実績があることを最初にアピールします。
②目指す事業の具体的な内容
　　共同経営者や店の場所を知らせるとともにマーケティング戦略や、料理や提供の仕方を具体的に説明しています。
③学歴と貯蓄の実績
　　大卒の学歴と貯蓄の実績をアピールし、信頼してもらえる人物であることをアピールします。
④事業計画の提示
　　見込める年商を具体的に提示し、事業の安定性をアピールします。
⑤希望する在留資格の種類
　　最後に希望する在留資格の種類を念押しします。

内容のポイント

　なぜ、いま会社の設立をすることになるのか説明します。信頼できる日本人のパートナーがいること、その日本人と共同経営をしていくこともポイントです。具体的にどのようなビジネスを日本で展開するのかを事業計画書の中できちんと伝えます。日本市場で、なぜ、そのビジネスに関して詳しい業務内容やコストを示し、ビジネスとしてどのような存在意義があるのかを説明します。自分の国で、豊富な経営者としての経験があることも忘れずに。専攻や実績を証明する書類を提出し、解説を加えます。

| 事例3 | 本人からの申請理由書 |

日本の専門学校で学んで商社を希望するフィリピン人女性(22歳)

在留資格の変更申請／『留学』→『技術』

　私は、フィリピンからまいりましたFと申します。日本には、今から4年前の2008年に来ました。①**2年間にわたりPP日本語学院で日本語を勉強し、その後、RR情報処理専門学校に入学し**、2年間コンピュータの勉強をしてまいりました。

　4年間にわたり日本で勉強してきた知識を活かし、日本の企業に就職をすることを考えるようになりました。日本語の会話も問題なくできますし、業務に必要な難しい漢字も読めるようになりました。

　たまたま私の姉が嫁いだ先のV家が、事業を展開しており、私を社員として雇用してくれることを約束してくれました。

　②**株式会社XY商事は、東京都××市に本社があり、機械工具や建築資材、住宅設備機器、防犯用品、金物などの海外製品を展開する商社**です。そのため、コンピュータを使用した業務が多く、日本語と英語の知識も求められています。とくに、取引先との英語のコミュニケーションも実務の中で必要になります。フィリピン出身で、子どもの頃から英語教育を受けてきた自分にとって、その能力を活かすこともできますし、日本語の能力と、コンピュータの貿易実務のシステム管理も担当できます。

　私は、すでに代表取締役のF山G男氏と面談し、×××年4月1日より採用をいただけることを確約いただき、③**採用通知書も受け取っております**。

　今後、経済発展が進むフィリピンの市場でも富裕層が生まれ、日本の製品に強い関心を持つと考えています。これからは、輸入に加え、日本製品を積極的に海外に紹介していくことも需要だと思いますので、輸出拡大の

サポートもしていくつもりです。将来は、株式会社XY商事のフィリピンの現地法人を立ち上げる業務もお手伝いできると考えています。
　日本も国内市場が成熟する中、海外に事業の展開を求めることは、自然の流れであり、私のように複数の言語を話し、実務の上でコンピュータ操作もできる人材は、企業の発展のためにも必要になるはずです。**④私は、日本の国が大好きですし、真面目に一生懸命働き、日本経済の発展のために役立つ人材を目指してまいります**。
　どうか、これから卒業後、新たに株式会社XY商事において会社員として働く私の在留資格の変更を認めていただきたくお願い申し上げます。

書き方のポイント

①日本での学歴の紹介
　　日本で4年間、日本語とコンピュータの知識を勉強した学歴を説明し、仕事への適性をアピールします。
②就職する企業の紹介
　　就職する企業の業務を説明し、自分の情報処理に関するスキルが十分に活かせることをアピールします。
③内定している事実の披露
　　すでに採用通知をもらっている事実を伝えます。
④日本への思いと将来への決意
　　日本への愛情を語るとともに、日本経済の発展のために尽力することを誓います。

内容のポイント

　日本語学校を卒業した後、情報処理について専門学校で勉強をして、その知識が姉の嫁ぎ先の専門商社で活用できることが明らかでした。フィリピン出身で、英語の教育も受けており、海外とコミュニケーションを図る業務も担当できます。このように実際に学校で、勉強してきたことが、即戦力として実務の世界で活用できるところは、許可に結びつきやすいポイントです。

事例4　企業・団体からの申請理由書

インド人を招聘する
ソフトウエア企業からの申請

在留資格の新規申請／『技術』

　当社は、主にソフトウエアの開発、販売、保守業務と顧客へのサポート業務を担当しております。　日本の企業も国際化が進み、海外の工場や事業所の情報を的確に掌握する必要があり、さまざまな改良をソフトウエアに加えるケースがあります。国際化の進展の中で、重要なのは、英語による情報の共有化です。日本人だけが、経営情報にアクセスするのではなく、海外の外国人の幹部も情報を共有化し、日々の経営管理業務に活かすことが求められています。

　①顧客からのニーズに応えるために、当社も英語と日本語を理解し、エンジニアとして幅広い改造（業界用語では、アドオン）に対応できる人材を採用する必要が出てまいりました。今回、短期滞在で、兄の家に滞在しているKと面談し、社員として採用を決めました。

　②Kは、日本企業で働いていた経験があり、日本の商習慣と他国の商習慣の違い等にも理解を示しています。彼であれば、顧客のニーズを理解し、ソフトウエアのカスタマイズ業務に対応できると確信しています。

　今後、当社が安定的、継続的に企業として発展していくためには、急速に進む日本企業の国際化のニーズに敏速に対応できるソフトウエアの開発と、改造が必要不可欠です。当社で外国人を採用するのは、3人目になります。今後③外国人社員が、弊社の取引先である顧客の国際化とそのシステム開発に対応するために、業務上重要な役割を握ると信じております。

●株式会社Uに関する補足説明

株式会社Uに関しましては、平成〇〇年にQ県において創業をいたしました。その後、東京周辺の顧客が増えたために、東京都品川区に別会社として株式会社QTを設立しました。**④そのため、今回は、証明資料といたしましてQ県の本社と東京の会社と両方の財務関連資料を提出させていただきます。**

書き方のポイント

①求める人材像を明示
　　英語と日本語コミュニケーションが可能で、エンジニアとして優れたスキルを有する人材が必要であることを訴えます。
②採用する人の優れた点
　　日本の商習慣を理解し、顧客の希望する業務に精通する人材であることをアピールします。
③外国人社員の重要性
　　今後、この企業において、IT技術者として外国人社員が業務上重要な役割を果たす理由を説明します。
④財務関係資料の提出
　　Kが入社しても安心な企業であることを財務関連資料を添付してアピールします。

内容のポイント

　外国人のIT技術者を雇用したいと考える企業は今後も増えるでしょう。世界戦略の中で、語学に堪能でIT技術の高い人材が必要な企業側の事情と、該当の外国人がそうしたニーズに応えられる人材であることを、資格を証明する書類など具体的な資料を揃えて説明しましょう。

ワンポイントアドバイス　アジアの諸国とのIT資格試験の相互認証について

　日本政府は2001年以降、インド、シンガポール、韓国、中国、台湾、フィリピン、タイ、ベトナム、ミャンマーの国々とIT資格試験の相互認証を行っています。インドのIT省が行うDOEACC「ドアック」（118P参照）という試験を例にすると、レベルAが日本の「基本情報技術者試験」と同等と見なされます。

| 事例5 | 企業・団体からの申請理由書 |

ベトナム人男性を採用する電子部品メーカーからの申請

在留資格の変更申請／『家族滞在』→『技術』

　当社Yは、昭和39年に創業し、日本の高度成長とともに電子部品及び機器の製造に携わってまいりました。

　実際、コネクタ・防水コネクタ、ハーネス加工、など接続部品を得意分野としていまして、①<u>優良顧客といたしましてMX××電子工業株式会社があります。（東証1部上場企業）また、同じくLハイテクノロジー社（東証1部上場企業）の認定工場として業務を展開しております</u>。

　当社が扱っております防水コネクタに関しましては、無限の可能性のある商品です。用途としましても生活用品から、モーターボート、自転車、バイク、自動車、航空宇宙の分野まで対応できます。

　②<u>現在、ベトナム国籍のGは、2年ほど前からパートタイム社員として当社の技術部門で働いております</u>。ベトナムにおいても、日本の資本の入った○○合成HAIPHONGにて働いており、日本企業のものの考え方を理解している貴重な人材です。

　当初は、日本語の会話能力に問題があり、パートタイムという形でしか雇用できませんでしたが、1年半経過して、Gの日本語能力向上によりこの問題は解決されました。

　ベトナムの大学で、電機と電子工学を勉強しておりますので、当社にとっては、戦力として活用できる人材と考えております。

　③<u>当社としては、将来的に、成長著しいベトナムの市場を視野にビジネスの展開を図っていくことを経営計画で打ち出しております。この計画の中でも、貴重な役割を果たす人材としてG君に期待しております</u>。

今回、外国人社員の採用を初めて行う予定ではありますが、④**当社は経営基盤がしっかりとしており、貴入国管理局にご迷惑をおかけすることはありません**。

つきましては、今回G君を正社員として採用し、在留資格の変更申請を許可（『家族滞在』から『技術』に）いただきたくお願い申し上げます。

書き方のポイント

①**優良取引先の紹介**
　　企業として、安定企業をアピールするために、一部上場の優良の取引先名を挙げます。

②**採用する人物の紹介**
　　現在、資格外活動により、パートタイムで働いていることを説明し、正規社員に採用するにふさわしい適性の持ち主であることをアピールします。

③**将来の展望と採用する人物への期待**
　　今後、自社で計画している海外事業と、それに貢献できるG君への期待を記述します。

④**経営状態のアピール**
　　再度、外国人を採用するにふさわしい経営基盤のしっかりした企業であることをアピールします。

内容のポイント

『家族滞在』で、日本にいる配偶者もアルバイトはできますが、在留資格の該当性があれば、正社員として雇用して働くことができます。この場合、在留資格変更の手続きが必要です。最初、アルバイトとして働いていて、企業の担当者にその才能を認められ、技術者として働くチャンスを与えられたケースです。この配偶者は、ベトナムの大学で、電気と電子工学を勉強してきたという実績がポイントです。日本語能力が向上し、社員と円滑にコミュニケーションできることが採用のポイントになったことも説明します。ベトナム人社員を将来どのように活用していくかについて、企業の計画を示すことが重要です。

第3章　外国人の入社と届出

実例篇

事例6　企業・団体からの申請理由書

韓国の大学教授の紹介で
2人の採用を希望する企業

在留資格の変更申請／『特定活動』→『技術』

　当社は、W工業株式会社と申します。本社は、埼玉県××市で、研磨技術の総合メーカーとして創業以来70年間にわたり研磨材料製造、各種補材販売、研磨装置開発を行ってまいりました。

　①**近年、当社でも半導体装置をはじめとした精密・分析機械部品の開発や製造も行い**、長年社内におきまして培ってきた研磨技術テクノロジーを中核として、顧客に対する価値を総合的に提案し、商品を提供してまいりました。

　国際化の流れの中で、アジア各国に生産の拠点を設けるメーカーも増え、部品の提供を行う当社も、海外への進出を求められることになりました。

　②**当社では、関連会社として韓国P市に生産拠点を2012年よりスタートしております**。当社としては、初の海外の拠点であり、アジア各国への商品供給の中心と位置づけております。

　今後、アジアの市場は、規模が拡大することが見込まれ、韓国の拠点を構えることで、研磨材料、研磨装置、精密研磨受託事業の市場開拓・販売、資材調達を展開していく計画を推進してまいります。

　韓国に拠点を構えることで、③**日本と韓国を結ぶ橋渡しをする幹部職員の育成が急務になっており**、当社では、技術面の知識が豊富で、日本語のコミュニケーション力もある韓国人社員の採用を考えております。

　たまたま、今回、韓国の大学の教授の紹介により、H君とI君をワーキングホリデーの制度を使い、試しに働いてもらっています。④**彼らは、2012年2月に韓国のD専門大学のコンピュータ応用機械系列を卒業し、3**

D設計プログラムを使用した３D設計を得意としています。そのため、彼らの技術は、アジア諸国で必要とされる研磨装置等の設計に活かせるものであり、さまざまな分野への応用を可能としています。

　彼らは、日本の文化にも興味があり、日本語もコミュニケーション能力を有しておりますので、マーケティングから商品開発および設計に至るまで、管理者として大いに活躍してくれると信じております。

　以上の事情から、今回、⑤H君とI君の在留資格変更申請（特定活動から技術）をさせていただきますので、ご配慮をお願い申し上げます。

書き方のポイント

①会社の紹介
　　近年、力を入れている分野などを説明し会社の概要を案内します。
②海外への事業の拡大
　　国際化の流れにしたがい、広く海外に事業を広げようとしている点をアピールします。
③幹部社員の育成
　　国際業務を担当する幹部社員の育成が急務であることを訴えます。
④採用する社員のスキル
　　こちらが求める技能を有する人材であることを強調します。
⑤資格変更の申請
　　2人の特定資格から技術への資格変更を申請します。

内容のポイント

　大学時代に専攻した分野と入社後担当することになる分野がマッチングしていることを説明します。コンピュータを使用した設計業務が、優れた部品製造のために必要不可欠である、という業務の特性を強調します。日本語のコミュニケーション能力が高いということで、日本人との意思疎通が可能であることを説明します。今回のケースは、ワーキングホリデー（112P参照）を使い、『特定活動』により、企業で就労したことにより、双方の信頼関係が築かれ、採用された事例です。

事例7　企業・団体からの申請理由書

日本語が完璧にできるフランス人を採用する企業

在留資格の新規申請／『人文知識・国際業務』

　当社は東京渋谷区×××に所在する「株式会社Z」と申します。
　平成×年×月×日より、**①フランス共和国B市○○より、完全天然成分による石鹸を輸入販売する業務を取り行っております**が、日々新商品の開発が進み、その複雑な成分の詳細、及び正しい販売方法を日本国内に普及させるにあたり、**②日本語の完璧なフランス人を採用する必要性があり**、また、日本人用にパンフレット等の販促物を作成する業務、製品の素晴らしさを百貨店バイヤーへPR広報活動させるべくを雇用いたしたく申請させて頂きました。
　③雇用者は、申請人がフランス語会話学校で日本文化の研修の為に通っていた渋谷区のフランス語会話教室にスタッフ募集に付き相談致しましたところPのご紹介を受け、面接及び、試験を行い合格、採用したく、今回の申請に至りました。
　④雇用者本人は××国立大学への交換留学経験やフランスR市で行われたジャポンフェスタで日本留学の経験を活かしたアシスタント業務で日本をPRするなど我が日本国に対する造詣の念と日本語能力にも優れております。日本語検定もすでに1級を取得しています。
　⑤個人的に日本への関心が高く、観光目的で過去３回来日し、巫女の体験をするなど日本文化全般への関心が高い人物です。

書き方のポイント

①事業の案内
　外国の会社との取引を行っている会社Zの業務内容を説明します。会社の新しいビジネスの主たる商品の輸入先がフランスで、コミュニケーションの橋渡しをする人材の必要性を明記します。

②外国人を採用する必要性
　外国製品を日本に広く普及させるために外国人スタッフが必要であることをアピールします。

③採用に至る経緯
　本人を紹介してもらったいきさつなど採用に至るまでの経緯を説明します。

④雇用者の能力
　本人の留学経験や職歴を紹介しながら採用するにふさわしい人材であることをアピールします。

⑤日本文化に対する関心の高さ
　これまでも複数回来日し、巫女の経験などを通して日本文化に触れあったことを説明します。

内容のポイント

　採用予定のフランス人学生が大学の日本語学科出身ということもあり、採用の段階で完璧な日本語を話すことができたことを強調します。
　大学時代から興味を持っていた日本の国で、自分の故郷の特産物を売ることが夢であったという動機について書き記します。フランス語でメーカー担当者と交渉し、日本向けの商品開発を行うことができる交渉力や企画能力についても書き加えます。日本語能力検定でも1級を取得し、日本語で百貨店等のバイヤーに対し、商品のPRを行うことができるコミュニケーションの高さを説明します。
　フランス語のパンフレットを日本人向けにアレンジしてわかりやすい内容とレイアウトで制作する能力があることを明記します。

高度人材ポイント評価の申請をしたい

高度人材ポイントの評価

　2012年5月7日より、高度人材ポイント制がスタートしました。この制度は、日本が、国として好ましいと考える外国人を優遇しようとする新しい在留資格の制度で、3つの分野からなります。

　1つめは、学術研究分野で、2つめは、高度専門・技術分野、そして3つめは、経営・管理分野です。

　この高度人材の資格を取得すると、3年間の在留期間で日本の永住権も簡単に取れるようになります。日本国政府法務省が、有能な外国人として認めた場合、通常の在留資格にはないメリットが、高度人材の資格に用意されています。いわば、外国人にとっては、日本の在留資格のゴールドカードのような位置づけとお考えください。現在、日本政府が最も力を入れて受け入れを目指しているのが、この高度人材に該当する優秀な外国人です。

　2013年12月24日の法改正によりこの制度は、70点のポイント達成の基準が緩和されました。以下の利点が、保障されるので、高度人材と認められると快適に日本での生活を楽しむことができます。今回新たに、1年未満の日本滞在を予定している外国人も高度人材ポイント制の対象として認められることになりました。書類提出後の審査は3週間ほどかかります。

　その利点とは、複合的な在留活動が認められます。例えば、研究者として企業で働き、空き時間で、語学の講師をするということが、資格外活動許可なしに認められます。高度人材として認定されると、5つの大きなメリットがあります。

①5年の在留期限がすぐに与えられ、永住許可も4年6カ月間（改正により3年）日本に住んだ段階で、申請できます。（2014年3月に、滞在期間が3年で永住権取得の申請が可能になる、という閣議決定がされています。）
②入国、在留手続きも他の外国人よりも優先的に処理されるので、待たされるストレスから解放されます。
③高度人材と認められた外国人の配偶者は、週28時間という従来の枠を超え、フルタイムで日本において就労してもいいことになります。
④祖国に住む親を、日本に連れてきて一緒に住むことが可能になります。（親の年齢等一定の条件はあります。）
⑤ご自宅で働いてもらう家事使用人（外国籍）の帯同を認めてもらえます。

●高度人材ポイント制の申請方法

　学歴、職歴、年収、年齢（経営・管理分野を除く）で、それぞれポイントが用意されており、これらの合計が70ポイントに到達すると、日本国政府法務省が高度人材外国人と認め、5年の在留期限が与えられます。

　これらのポイントは、申請をすることにより与えられるものですので、自ら証明をする書類を用意しなければなりません。日本国政府法務省で用意している申請用紙に加え、事実を証明できる書類が一式揃ったところで、入国管理局に出向き、申請の手続きをします。審査が終了すると、入国管理局から文書による連絡があり、結果が判明します。

　年収の証明については、日本の市町村から発行される納税証明書と課税証明書を使います。海外での所得もポイント加算できるようになりましたので、必要に応じ、納税額等から所得を証明できる海外の書類も準備します。外国人にも住民票が2012年7月9日より交付されるようになりましたので、その写しも用意します。

　職歴については、在職証明書や離職票などの証明資料を用意します。

　学歴については、卒業証明書を用意します。

　年齢については、パスポートで判断できますので、必要がありません。

高度人材資格申請の手続きの流れ

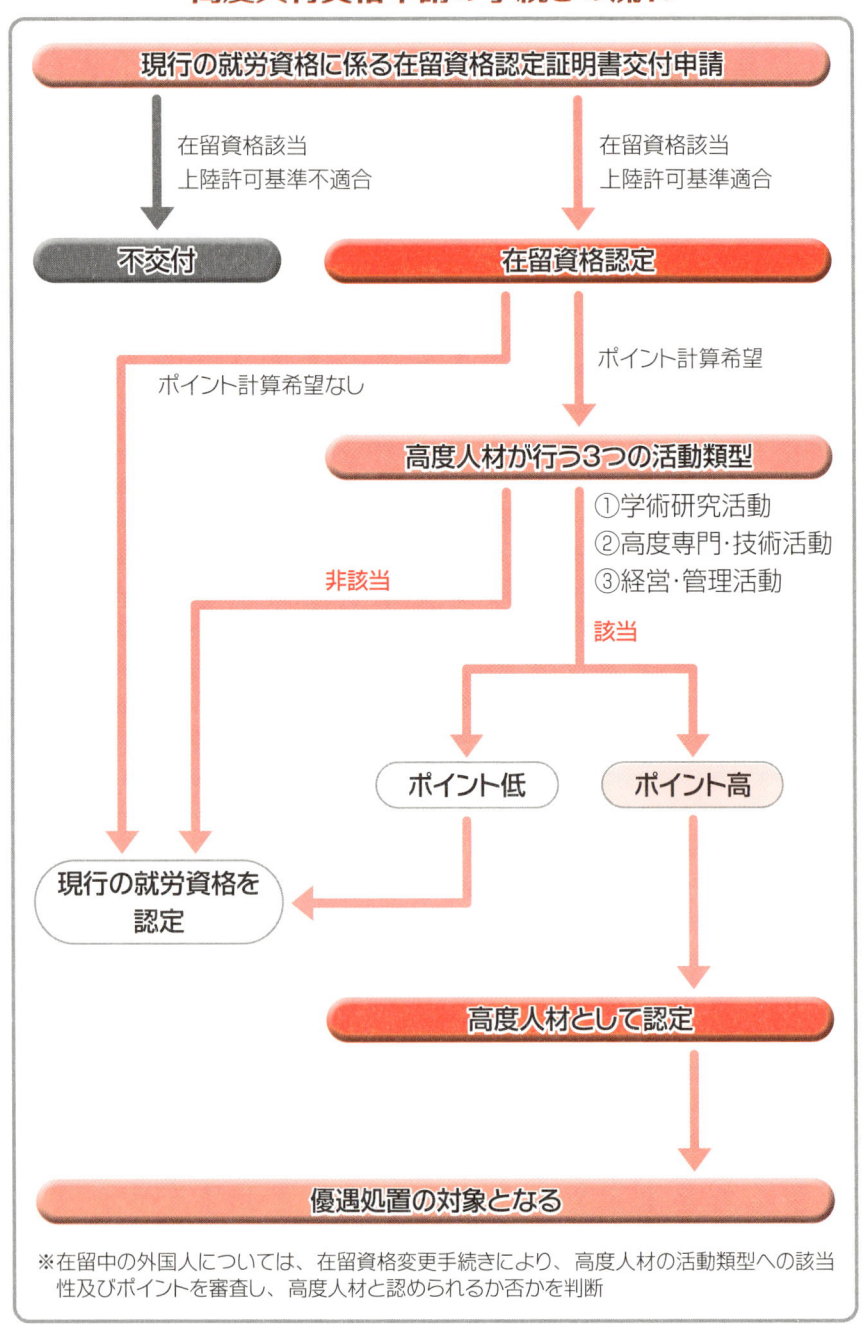

```
現行の就労資格に係る在留資格認定証明書交付申請
    │
    ├─ 在留資格該当           ├─ 在留資格該当
    │  上陸許可基準不適合      │  上陸許可基準適合
    ↓                         ↓
  不交付                    在留資格認定
                              │
                              ├── ポイント計算希望なし ──→ 現行の就労資格を認定
                              │
                              └── ポイント計算希望
                                    ↓
                              高度人材が行う3つの活動類型
                                  ①学術研究活動
                                  ②高度専門・技術活動
                                  ③経営・管理活動
                                    │
                              ├── 非該当 ──→ 現行の就労資格を認定
                              │
                              └── 該当
                                    ↓
                            ┌───────┴───────┐
                         ポイント低        ポイント高
                            │                │
                      現行の就労資格を        ↓
                          認定          高度人材として認定
                                              ↓
                                      優遇処置の対象となる
```

※在留中の外国人については、在留資格変更手続きにより、高度人材の活動類型への該当性及びポイントを審査し、高度人材と認められるか否かを判断

また、高度人材ポイント制には、ボーナスポイントが用意されていますので、それらを証明できる書類の写しを提出します。例えば、日本語検定1級の認定書など証明する書類がない場合、ポイント制の対象とはなりませんので、ご注意ください。審査官の理解を助けるために、専門的な賞や論文の場合、どのような意義や成果なのかを分かりやすく日本語で説明することが必要です。

学術研究分野の場合

　学術研究をする外国人を対象として、日本への貢献度の高い人材、今後有益な影響を与えてくれそうな人材についてポイント制が用意されたものです。2013年12月の改正で、**最低年収基準が撤廃されました。**

高度学術研究分野		付与ポイント
学歴	博士号（専門職に係る学位を除く）取得者	30
	修士号（専門職に係る博士を含む）取得者（注1）	20
職歴（実務経験） ※従事しようとする研究、研究の指導または教育に係る実務経験に限る	7年〜	15
	5年〜	10
	3年〜	5
年収 ※1　主たる受入機関から受ける報酬の年額 ※2　海外の機関からの転勤の場合には、当該機関から受ける報酬の年額を算入 ※3　賞与（ボーナス）も年収に含まれる。	年齢区分に応じ、ポイントが付与される年収の下限を異なるものとする。詳細は「年収配点表」参照	40〜10
年齢	〜29歳	15
	〜34歳	10
	〜39歳	5
ボーナス①〔研究実績〕	詳細は「研究実績」参照	25

ボーナス②	イノベーションを促進するための支援措置（別に告示で定めるもの）を受けている機関における就労（注2）	10
ボーナス③	試験研究費等比率が3%を超える中小企業における就労	5
ボーナス④	職務に関連する外国の資格等	5
ボーナス⑤	本邦の高等教育機関において学位を取得	10
ボーナス⑥	日本語能力試験N1取得者もしくはこれと同等以上の能力があることを試験（注3）により認められている者または外国の大学において日本語を専攻して卒業した者	15
合格点		**70**

（注1）経営管理に関する専門職学位（MBA、MOT）を有している場合には、別途5点の加点
（注2）就労する機関が中小企業である場合には、別途10点の加点
（注3）例えば、BJTビジネス日本語能力テストにおける480点以上の得点

年収配点表（付与ポイント）				
	～29歳	～34歳	～39歳	40歳～
1000万円	40	40	40	40
900万円	35	35	35	35
800万円	30	30	30	30
700万円	25	25	25	—
600万円	20	20	20	—
500万円	15	15	—	—
400万円	10	—	—	—

研究実績	付与ポイント
特許の発明　1件～	20
入国前に公的機関からグラントを受けた研究に従事した実績　3件～	20
究論文の実績については、我が国の国の機関において利用されている学術論文データベースに登録されている学術雑誌に掲載されている論文（申請人が責任著者であるものに限る。）　3本～	20

上記の項目以外で、上記項目におけるものと同等の研究実績があると申請人がアピールする場合（著名な賞の受賞歴等、関係行政機関の長の意見を聴いた上で法務大臣が個別にポイントの付与の適否を判断。）	20

※ 高度学術研究分野については、2つ以上に該当する場合には25点
※ BJT ビジネス日本語能力テストとは、日本語を使いビジネスで求められるコミュニケーション能力を測るテストで満点が 800 点

高度専門・技術分野の場合

IT技術者や新素材の開発に従事するエンジニアなど、日本の成長に貢献する可能性の高い外国人のために項目に応じてポイントが用意されたものです。医療分野の人材も対象になります。

高度専門・技術分野		付与ポイント
学歴	博士号（専門職に係る学位を除く）取得者	30
	修士号（専門職に係る博士を含む）取得者（注1）	20
職歴（実務経験） ※従事しようとする業務に係る実務経験に限る	10年～	20
	7年～	15
	5年～	10
	3年～	5
年収 ※1 主たる受入機関から受ける報酬の年額 ※2 海外の機関からの転勤の場合には、当該機関から受ける報酬の年額を算入 ※3 賞与（ボーナス）も年収に含まれる。	年齢区分に応じ、ポイントが付与される年収の下限を異なるものとする。詳細は「年収配点表」参照	40 ～ 10
年齢	～29歳	15
	～34歳	10
	～39歳	5

ボーナス①〔研究実績〕	詳細は「年収配点表」参照	15
ボーナス②	職務に関連する日本の国家資格の保有（1つにつき5点）	10
ボーナス③	イノベーションを促進するための支援措置（別に告示で定めるもの）を受けている機関における就労（注2）	10
ボーナス④	試験研究費等比率が3％を超える中小企業における就労	5
ボーナス⑤	職務に関連する外国の資格等	5
ボーナス⑥	本邦の高等教育機関において学位を取得	10
ボーナス⑦	日本語能力試験N1取得者もしくはこれと同等以上の能力があることを試験（注3）により認められている者または外国の大学において日本語を専攻して卒業した者	15
合格点		**70**

（注1）経営管理に関する専門職学位（MBA、MOT）を有している場合には、別途5点の加点
（注2）就労する機関が中小企業である場合には、別途10点の加点
（注3）例えば、BJTビジネス日本語能力テストにおける480点以上の得点

最低年収基準	高度専門・技術分野及び高度経営・管理分野においては、年収300万円以上であることが必要。

年収配点表（付与ポイント）				
	～29歳	～34歳	～39歳	40歳～
1000万円	40	40	40	40
900万円	35	35	35	35
800万円	30	30	30	30
700万円	25	25	25	―
600万円	20	20	20	―
500万円	15	15	―	―
400万円	10	―	―	―

研究実績	付与ポイント
特許の発明　1件〜	20
入国前に公的機関からグラントを受けた研究に従事した実績　3件〜	20
究論文の実績については、我が国の国の機関において利用されている学術論文データベースに登録されている学術雑誌に掲載されている論文（申請人が責任著者であるものに限る。）　3本〜	20
上記の項目以外で、上記項目におけるものと同等の研究実績があると申請人がアピールする場合（著名な賞の受賞歴等）、関係行政機関の長の意見を聴いた上で法務大臣が個別にポイントの付与の適否を判断。	20

経営管理分野の場合

日本で、企業経営に関与する場合、新しい優遇のためのポイントが用意されています。とくに、この分野では、高額の納税をしている経営者が、日本で永住権を取りやすいようにする配慮がされています。

高度経営・管理分野		付与ポイント
学歴	博士号または修士号取得者（注1）	20
	大学を卒業しまたはこれと同等以上の教育を受けた者（博士号または修士号取得者を除く）	10
職歴（実務経験） ※事業の経営または管理に係るものに限る	10年〜	25
	7年〜	20
	5年〜	15
	3年〜	10
年収 ※1　主たる受入機関から受ける報酬の年額 ※2　海外の機関からの転勤の場合には、当該機関から受ける報酬の年額を算入 ※3　賞与（ボーナス）も年収に含まれる。	3000万円〜	50
	2500万円〜	40
	2000万円〜	30
	1500万円〜	20
	1000万円〜	10

ボーナス①〔地位〕	代表取締役、代表執行役ポストでの受入れ	10
	取締役、執行役ポストでの受入れ	5
ボーナス②	イノベーションを促進するための支援措置（別に告示で定めるもの）を受けている機関における就労（注2）	10
ボーナス③	試験研究費等比率が3%を超える中小企業における就労	5
ボーナス④	職務に関連する外国の資格等	5
ボーナス⑤	本邦の高等教育機関において学位を取得	10
ボーナス⑥	日本語能力試験N1取得者もしくはこれと同等以上の能力があることを試験（注3）により認められている者または外国の大学において日本語を専攻して卒業した者	15
合格点		**70**

（注1）経営管理に関する専門職学位（MBA、MOT）を有している場合には、別途5点の加点
（注2）就労する機関が中小企業である場合には、別途10点の加点
（注3）例えば、BJTビジネス日本語能力テストにおける480点以上の得点

①最低年収基準	高度専門・技術分野及び高度経営・管理分野においては、年収300万円以上であることが必要。

●優遇措置の見直しによる利便性の向上

　今回、高度ポイント制に魅力を持たせるために、該当する外国人にとって優遇措置も利用しやすくなりました。

❶親の帯同が許される条件が、1000万円から800万円の年収へと引き下げになりました。
❷親の帯同については、高度人材の子を養育する場合だけではなく、高

度人材本人または配偶者が妊娠中の場合でも可能となりました。
❸親の帯同が認められる子の養育に該当する年齢を現行の3歳未満から7歳未満に引き上げとなりました。
❹親の帯同のための条件として、実親の要件を撤廃して、養親についても帯同が可能となりました。
❺家事使用人の帯同のための年収要件は、1500万円から1000万円に引き下げになりました。
❻親または家事使用人の帯同のための年収要件は、高度人材外国人の配偶者の年収を合算して評価することができるようになりました。
❼親または家事使用人を帯同させるための年収に、海外の事業所から日本に派遣される場合には、その海外の事業所から受ける報酬も含めて年収に算入することができるようになりました。

　ポイント制の利用に関しては、本人が申請をして初めて日本国政府法務省から認められるので、70点を安定的に超えられるか証明書の準備が大切です。事実証明の書類を外国人が作成することは、容易ではないので、高度人材外国人に関する申請業務については、国際業務を手がけている行政書士にお問い合わせください。この分野は、**日本国政府の重点施策に属する**ので、今後も必要に応じ、外国人にとって利用しやすいように制度の改革が行われることになると思います。

ワンポイントアドバイス 「BJTビジネス日本語能力テスト」と「MOT」

　BJTビジネス日本語能力テストとは、合格や不合格という判断ではなく0～800点の点数制で採点されます。500点前後であれば日本語のビジネスコミュニケーションが可能なレベルとされます。MOTとは、「Management of Technology」の略で技術開発やイノベーションを生み出すことを中心に企業を研究する学問です。日本語では「技術経営」という名称で呼ばれます。

地位・身分による在留資格

地位または身分にもとづく在留資格

　身分または地位に基づく在留資格は、『永住者』、『日本人の配偶者等』、『永住者の配偶者等』、『定住者』の4種類があり、活動に制限がないというのが特長です。ただし、それぞれについて企業の実務者として知っておくべきポイントがありますので、注意が必要です。

①**日系外国人（日本人の配偶者等、または定住者）**
②**永住許可**
③**日本人の配偶者など**
④**永住者の配偶者**

　『永住者』、『日本人の配偶者等』、『永住者の配偶者等』、『定住者』については、基本的にどのような職種に就いてもらうこともできるので、企業としては労働力として貴重な存在です。なお、日系2世、3世は、『日本人の配偶者等』または『定住者』として在留する場合に限り、外国籍であっても就労活動に制限が設けられていません。

　『短期滞在』の在留資格により在留している日系人は、地方入国管理局において在留資格の変更の許可を受けないと就労できません。

①在留資格　定住者（日系外国人の場合）

　入管法においては、三世までの日系外国人の入国に際して、『日本人の配偶者等』または『定住者』の在留資格が与えられます。

　ただし、『定住者』の在留資格により入国する日系の外国人については、犯罪歴がないなど素行が善良でなければ許可されません。

これらの在留資格をもって在留する場合、在留期間の制限は存在します。

その一方で、どのような仕事についてもいいというのが最大の特徴です。

実際、群馬県の大泉町のように日系ブラジル人が多く住むコミュニティも誕生しています。問題となっているのは、彼らの日本語能力であり、日本文化に適応できるためのプログラムづくりや、バックアップ体制が企業や自治体にも求められているのです。

日系の外国人であれば、単純労働も含め、さまざまな職種に就くことが可能なことから、とくに人手不足に悩む自動車部品の製造ラインなどで働くケースが多くなっています。その一方で、リーマンショック以降は、すぐにリストラの対象とされてしまい、失業者として社会問題となりました。

日系外国人を採用する場合、日本人と同様かそれ以上の待遇で働く環境を整えていかなければ人権問題となるわけで、企業の実務担当者はこのポイントを忘れてはなりません。とくに、日本語が苦手な日系外国人のためには雇用契約書を翻訳したものを渡すなどの配慮が求められます。

②在留資格　永住許可

日本で長期に仕事をするようになった外国人が、永住を希望することはよくあることです。企業にとっても、永住権を持った外国人に関しては、安心して長期雇用できるメリットがあります。

永住権を得れば、日本国内における就職の選択肢も広がり、より豊かな生活が可能になるのが事実です。

そして、これからは、急速に進む少子高齢化の流れの中で、日本社会にとって好ましいと評価される高度人材については、永住権の基準が緩和される（3年）ようになります。

これにより、永住を前提に入国する外国人が増えることでしょう。

時代の流れから一部の高額納税者やIT技術者などについては法律上の要件が緩和されることになりました。さて、どのような基準をクリアすれば、現在の日本において外国人が永住を認められることになるのでしょうか？

●永住許可のガイドライン

2006年に、入国管理局が示したガイドラインは、以下のようになっています(ただし、2012年5月に開始された高度人材ポイント制で70点以上の場合は別に有利な条件が用意されています)。

◆法律上の要件

ア　素行が善良であること
法律を遵守し日常生活においても住民として社会的に非難されることのない生活を営んでいること。

イ　独立生計を営むに足りる資産または技能を有すること
日常生活において公共の負担にならず、その有する資産または技能等から見て将来において安定した生活が見込まれること。

ウ　その者の永住が日本国の利益に合すると認められること

・原則として引き続き10年以上本邦に在留していること。ただし、この期間のうち、就労資格または居住資格をもって引き続き5年以上在留していることを要します。
・罰金刑や懲役刑などを受けていないこと。納税義務等公的義務を履行していること。
・現に有している在留資格について、入管法施行規則別表第二に規定されている最長の在留期間をもって在留していること。
・公衆衛生上の観点から有害となるおそれがないこと。ただし、日本人、永住者または特別永住者の配偶者または子である場合には、ア及びイに適合することを要さず、難民の認定を受けている者の場合にはイに適合することを要しません。

現在、永住権の審査基準は厳しくなっており、イの独立生計のカットラインとして就労系のビザで10年以上、日本に在留している人で年収330万

円以上の安定した収入があり、かつ納税義務を果たすことが永住許可を得るための最低ラインになりつつあります。家族がいる場合には更に一人につき年収に60万円前後を加算する形で、ハードルが高くなるとお考えください。また、企業の借り上げ住宅や社宅にずっと住み続けているケースなど、申請人が自立していないという評価につながりマイナス評価になることもあるので注意してください。

◆原則10年在留に関する特例

ア　日本人、永住者及び特別永住者の配偶者の場合、実態を伴った婚姻生活が3年以上継続し、かつ、引き続き1年以上本邦に在留していること。その実子の場合は1年以上本邦に継続して在留していること。
イ　『定住者』の在留者で5年以上継続して本邦に在留していること。
ウ　難民の認定を受けたものの場合、認定後5年以上継続して本邦に在留していること。
エ　外交、社会、経済、文化等の分野において我が国への貢献があると認められる者で、5年以上本邦に在留していること。

なお、企業活動に関連する人材のガイドラインでは、上場企業（カテゴリー1）またはこれと同程度の規模を有する日本国内の企業（カテゴリー2）の経営に概ね3年以上従事している者又はかつてこれらの企業の経営に概ね3年以上従事した事のある者で、その活動により日本経済または産業の発展に貢献したケースが、永住権獲得の要件になると示されています。

先端技術者や高度技術者として業界をリードする人材やグッドデザイン賞を獲得するような優秀な工業デザイナーなども5年の在留で、永住の許可が下りるとされています。

これらの方が高度人材ポイント制で70点以上になり、高度人材外国人と認定されると、来日して4年6カ月で永住権の申請が可能となります。この優遇ラインは、近い将来さらに3年まで引き下げとなります。また、ボラ

ンティア活動等で、日本の介護施設や児童福祉に関して貢献したことが認められると、その外国人の永住権取得の可能性がアップします。

③在留資格　日本人配偶者

　日本での在留資格の一つに、『日本人の配偶者等』があります。
　日本人との婚姻を予定している人に無条件で与えられるものではないのがポイントです。
　この在留資格は、日本人の配偶者、日本人の特別養子と日本人の子として出生した人が該当します。
　これから入国を予定する場合は、日本人が、外国人配偶者を呼び寄せるために、在留資格認定証明書の交付を申請することになります。
　その一方で、すでにその外国人が短期滞在の在留資格で日本に入国しているときは、現在の在留資格から『日本人の配偶者等』へ在留資格を変更する必要があります。
　ただ、明らかに外国人が日本で働くことを目的として偽装結婚を企てるようなケースは、違法な行為として在留資格は許可されません。最近このパターンの偽装が全国的に増えており、審査も厳しくなっています。そのため、審査に3カ月以上かかるケースもあります。
　これから婚姻するケースとまったく反対のパターンで、『日本人の配偶者等』で在留している外国人が、日本人配偶者と離婚してしまった場合や、死別した場合は、いままでの在留資格に該当しなくなります。このようなケースでは、他の在留資格への変更が必要となります。このまま『日本人配偶者等』の在留資格のままでいることは許されず、6カ月以内に他の在留資格に変更しない場合、在留資格取り消しの対象となります。

　未成年で、未婚の日本人の実子を扶養する外国人の場合は、正当な理由があり、扶養の実態が証明できれば、当該外国人は、在留資格変更許可申請により、在留資格『定住者』への変更が許可されます。

ただし、嫡出でも非嫡出のケースでも、子供が誕生したときに、父親か母親が日本国籍を有していることが必要となります。

　実際に、生活のため『日本人配偶者等』の在留資格で働く外国人は多く、企業の貴重な戦力として活躍することも稀ではありません。

　今後、日本の社会的状況から、『日本人の配偶者等』は増えるであろうと予想されています。なぜなら、少子化や晩婚化が深刻化するにつれ、適当なパートナーを見つけることが困難なケースが増え、結果として国際結婚が増えるからです。また、外国人が、結婚を機会に日本の労働市場で働き始めることも自然の流れといえるでしょう。

　国際化を目指す企業にとって、日本と外国の両方の文化を理解する人材の確保は重要な意味を持つはずです。

●在留資格変更の基礎知識

　在留資格を持って在留している外国人が、在留目的を変更して『永住者』を除く他の在留資格に該当する活動を行うときは、「在留資格の変更」を行わなくてはなりません。例えば、『留学』の在留資格で日本の大学において会計学を勉強している学生が、その知識を活かして卒業後に日本の企業に就職するケースなどです。

　在留資格の変更については、在留資格の変更を認めるに足りる相当の理由があるときに限り、法務大臣が許可をするものです。これは、在留資格の変更が権利として保障されたものではないということを示します。

　現状では、法務大臣の価値観と時代認識の違いにより、従来に比べ厳格性が緩和される傾向にあります。

　留学生の専攻と、就労する職務との関連性は、以前に比べると厳しくなくなりました。例えば、デザインを専攻していた学生が、ＩＴ関連企業へ、技術の在留資格で在留資格変更が認められたという事例も出ました。文学専攻の学生でも商社等で働くための在留資格の変更は認められるケースが

多くなっています。規制緩和の時代ですから、企業の採用担当者はいろいろなタイプの人材の確保に動けるのではないでしょうか。

　在留資格変更制度の最大の利点は、外国人が日本から出国することなく査証を取得してから再入国するという手続きを省略し、日本国内で違う在留資格を取得できることにあるのです。

　注意すべき点は、永住者の在留許可への変更は、別に定められている永住許可の申請手続きによらなくてはならないことです。
　さらに、短期滞在から他の在留資格への変更は特別の事情がない限り認められません。短期滞在の入国者については、簡単な審査で入国を許可しているため厳格な事前審査を必要とする他の在留資格への変更は、入国管理局として認めないという原則があるのです。
　ただし、例外的に、外国人の婚約者が短期滞在の在留資格で入国して滞在中に正式に結婚式を挙げたケースで、その後日本で生活することについて正当性が立証できたときなどは、『日本人の配偶者等』の在留資格変更が許可される場合もあります。
　外国人が短期滞在の在留資格で入国し、来日してから交際期間もない日本人と、長期滞在を目的として結婚するようなケースは、在留資格の変更は認められません。

　留学生が、卒業後に就職活動を行っていて、かつ大学から推薦がある場合は、『留学』から『特定活動』への在留資格変更を許可されます。
　この場合、6カ月×2回で最長で、1年間滞在することができるようになります。また、卒業後に就職活動を行い、就職が内定した外国人は、企業からの採用を明示した文書を提出すると、『特定活動』から『人文知識・国際業務』、『技術』などへの在留資格変更が許可されます。
　なお、在留資格の変更が許可される場合には、新しく在留カードが発行され新しい在留資格及び在留期間が記載されます。

(参考資料)

在留資格の変更、在留期間の更新許可のガイドライン

法務省入国管理局

　在留資格の変更及び在留期間の更新は、出入国管理及び難民認定法（以下「入管法」という。）により、法務大臣が適当と認めるに足りる相当の理由があるときに限り許可することとされており、この相当の理由があるか否かの判断は、専ら法務大臣の自由な裁量に委ねられ、申請者の行おうとする活動、在留の状況、在留の必要性等を総合的に勘案して行っているところ、この判断に当たっては、以下のような事項を考慮します。

　ただし、以下の事項のうち、1の在留資格該当性については、許可する際に必要な要件となります。また、2の上陸許可基準については、原則として適合していることが求められます。3以下の事項については、適当と認める相当の理由があるか否かの判断に当たっての代表的な考慮要素であり、これらの事項にすべて該当する場合であっても、すべての事情を総合的に考慮した結果、変更または更新を許可しないこともあります。

　なお、社会保険への加入の促進を図るため、平成22（2010）年4月1日から申請時に窓口において保険証の提示を求めています。

（注）保険証を提示できないことで在留資格の変更または在留期間の更新を不許可とすることはありません。

1　行おうとする活動が申請に係る入管法別表に掲げる在留資格に該当すること
　　申請人である外国人が行おうとする活動が、入管法別表第一に掲げる在留資格については同表の下欄に掲げる活動、入管法別表第二に掲げる在留資格については同表の下欄に掲げる身分または地位を有する者としての活動であることが必要となります。

2　入管法別表第1の2の表若しくは4の表に掲げる在留資格の下欄に掲げる活動または5の表の特定活動の項の下欄（ロに係る部分に限る。）に掲げる活動を行おうとする者については、原則として法務省令で定める上陸許可基準に適合していること
　　法務省令で定める上陸許可基準は、外国人が日本に入国する際の上陸審査の基準ですが、在留資格変更及び在留期間更新に当たっても、原則として上陸許可基準に適合していることが求められます。

（注）「出入国管理及び難民認定法第7条第1項第2号の規定に基づき同法別表第1の5の表の下欄（ニに係る部分に限る。）に掲げる活動を定める件」（特定活動告示）及び「出入国管理及び難民認定法第7条第1項第2号の規定に基づき同法別表第2の定住者の項の下欄に掲げる地位を定める件」（定住者告示）の中では、申請人等の年齢や扶養を受けていること等が要件とされているものがあり、このような要件については、成長その他の事情により扶養を受ける状況が消滅する等、我が国入国後の事情の変更により、適合しなくなることがありますが、このことにより直ちに在留期間更新が不許可となるものではありません。

3　素行が不良でないこと

　素行については、善良であることが前提となり、良好でない場合には消極的な要素として評価され、具体的には、退去強制事由に準ずるような刑事処分を受けた行為、不法就労をあっせんするなど出入国管理行政上看過することのできない行為を行った場合は、素行が不良であると判断されることとなります。

4　独立の生計を営むに足りる資産または技能を有すること

　申請人の生活状況として、日常生活において公共の負担となっておらず、かつ、その有する資産または技能等から見て将来において安定した生活が見込まれること（世帯単位で認められれば足ります。）が求められますが、仮に公共の負担となっている場合であっても、在留を認めるべき人道上の理由が認められる場合には、その理由を十分勘案して判断することとなります。

5　雇用・労働条件が適正であること

　我が国で就労している（しようとする）場合には、アルバイトを含めその雇用・労働条件が、労働関係法規に適合していることが必要です。なお、労働関係法規違反により勧告等が行われたことが判明した場合は、通常、申請人である外国人に責はないため、この点を十分勘案して判断することとなります。

6　納税義務を履行していること

　納税の義務がある場合には、当該納税義務を履行していることが求められ、納税義務を履行していない場合には消極的な要素として評価されます。例えば、納税義務の不履行により刑を受けている場合は、納税義務を履行していないと判断されます。

　なお、刑を受けていなくても、高額の未納や長期間の未納などが判明した場合も、悪質なものについては同様に取り扱います。

7　入管法に定める届出等の義務を履行していること

　入管法上の在留資格をもって我が国に中長期間在留する外国人の方は、入管法第19条の7から第19条の13まで、第19条の15及び第19条の16に規定する在留カードの記載事項に係る届出、在留カードの有効期間更新申請、紛失等による在留カードの再交付申請、在留カードの返納、所属機関等に関する届出などの義務を履行していることが必要です。

〈中長期在留者の範囲〉

　入管法上の在留資格をもって我が国に中長期間在留する外国人で、次の①～⑤のいずれにも該当しない人
① 「3月」以下の在留期間が決定された人
② 「短期滞在」の在留資格が決定された人
③ 「外交」または「公用」の在留資格が決定された人
④ ①～③の外国人に準じるものとして法務省令で定める人
⑤ 特別永住者

平成24年7月改正

第4章

外国人を雇用する実務者Q&A

実例編　Q1

会社で働いてもらう外国人を
日本に呼びたいのですが、
どのような在留資格がありますか？

A　外国人の方を日本に呼ぶケースは、次の5つの就労系ビザ（在留資格）を取得することが一般的です。基本的には、特定の企業等との継続的・安定的契約が求められます。

　会社の規模によってカテゴリーがあり、審査時間に大きく差がでます（カテゴリー制について35P〜参照）。とくに低位のカテゴリー3やカテゴリー4の中小企業の場合、新規で外国人を招聘（しょうへい）するのに3カ月〜4カ月待たなくてはいけないケースもありますので時間的余裕が必要です。

　また、2012年5月9日から「**高度人材ポイント制による優遇制度**」がスタートしました。（146P〜参照）この優遇制度に申請し承認されると「高度人材外国人」として幅広い面で優遇されます。

● **申請の多い資格**

『技術』の資格

　機械工学の技術者、コンピュータエンジニア、システムエンジニア、資源開発関係の技術者、自動車設計技師、農業系の技術者、宇宙工学エンジニア、原子力関係の技術者など高度な知識を要求される技術職の仕事を行なう人のための在留資格です。

『人文知識・国際業務』の資格

　貿易、翻訳、通訳、デザイン、広報、広告、金融関係のトレーダーやディラーなど人文科学（法律学、経済学、社会学など）に属する知識を必要とする仕事を行う人のための在留資格です。

『企業内転勤』の資格

外国の事業所からの転勤者等で、『技術』または、『人文知識・国際業務』の在留資格に該当する人が転勤する場合の在留資格です。通常は株式の過半数を所有し経営権を握っている日本企業が海外から日本へ社員を招聘する場合に使われます。

『技能』の資格

コック、ソムリエ、パイロット、スポーツインストラクター、外国の建築物や土木の技能職、動物の調教、宝石の鑑定など一部の専門職を行う人のための在留資格です。コックについてはしっかりとしたレストランで10年以上の職歴の証明がないと技能ビザの許可はでません。

『投資・経営』の資格

企業の経営者、管理者、工場長、日本で起業するなど会社経営や会社幹部のための在留資格です。

対象となる業務の事例については法務省の資料をご参照ください。

この在留資格を取得した人で国が定める一定の基準を満たす場合には「高度人材外国人」として申請ができます。

なお、在留資格の発給の手続きには、海外にいる外国人の方が直接、在外公館に申請する方法と、「在留資格認定証明書」の交付を受けて、在外公館に在留資格の申請をする方法があります。

現状では、「在留資格認定証明書」による方法が一般的です。では、この証明書はどうすれば交付されるのでしょうか？　この証明書は、日本への上陸を希望する外国人の方が、日本で行おうとする活動が基準に適合されているか審査を受けた後に問題がなければ発行されます。この証明書を提示して、外国にある日本大使館などで、日本での活動を希望する外国人の方が、在留資格の発給の申請を行うとスムーズに日本上陸が可能となります。空港での入国審査の際には、問題がない限り「在留資格認定証明書」に明示されている在留資格によりその外国人の方は日本で活動できます。

実例編　Q2

料理人として在留資格を取得するポイントは何ですか？

A 　いわゆるコックさんの在留資格は、就労系在留資格の中でも『技能』になります。ただし、どんな人でも日本に来てもらいコックとして働いてもらえるわけではありません。外国料理の熟練した技能に限られるわけで、一部の例外（タイ国の場合はEPA＝経済連携協定により5年）を除くと本国で10年以上の経験をしていないと在留資格が下りません。

　実際、この10年以上のコックとして実務経験の立証が非常に重要で難関となります。必ず在職証明書や退職証明書、ライセンス、在職時の写真や働いていたレストランの写真やメニューなどを用意する必要があります。さらに、そのレストランの電話番号も明記しなくてはなりません。これらが揃わないとなかなか許可が下りません。

　また、コックさんの仕事であれば、月25万円ぐらいの給与を支払う用意がないと在留資格が下りない可能性があります。在留資格が下りる前提として日本人と同等以上の待遇が求められているからです。

　最初の段階では、日本にある外国料理店のオーナーが、適当と思われる外国人の方と面談し、採用を決めることからはじめます。料理人、コックの在留資格を取得するためには、ビザ申請窓口の入国管理局から在留資格認定証明書に加え、日本に招聘することに関する理由書の提出を求められます。

　日本で、申請人を採用しようとする料理店のオーナーは、雇用契約書の

原本と写し、決算報告書の写し、会社登記簿謄本および営業許可書の写し、外国人の社員のリスト、料理店のメニュー、店舗見取り図、店舗の写真などを用意しなくてはなりません。新規のレストランであれば、オープンに至るまでの改装に係る経費を証明するような書類も求められます。

外国人のコックさんの、本人写真に加え、母国での経歴書。母国での在職証明書または退職証明書、現在在職しているのであれば在職先のレストランの営業許可証の写し、職業資格証明書、在職するレストランの写真、身分証のコピーなどの提出が入国管理局から求められます。

実例編 Q3
外国人を採用したいのですが、最初にチェックするポイントを教えてください

A もし、日本国内においてすでに生活している外国人を採用するときには、通常以下の4つの資料から判断することになります。

①旅券に押されている上陸許可証印
②地方入国管理局発行の就労資格証明書
③「在留カード」あるいは「外国人登録証明書」
④入国管理局発行の資格外活動許可証（留学生、家族滞在者など）

在留資格がない場合、日本での新規取得ということはできません。ただし、その外国人が何らかの在留資格を持っているときには、変更申請をすることができます。

外国から、就職活動のために日本に来る外国人もいます。この場合、留学生を除き、短期滞在の在留資格で入国してきます。採用する会社が、正式に採用を決め、在留資格認定証明書の方式で、申請をして許可されれば、短期滞在の在留資格であっても変更申請をすることができます。ただし、在留資格認定証明書申請しても、その外国人の短期滞在の期限内に許可が下りない場合は、一度帰国してもらってから、在外公館にて在留資格取得の手続きをします。あと、重要なポイントは、採用する会社の業務内容が、その外国人の能力や経歴とマッチするものであるかということです。基本的に、就労系の在留資格では、単純作業を目的とする在留資格は存在しないので注意が必要です。

実例編　Q4

外国人を採用しようと考えている企業ですが、自社についてどのようなことが審査されますか？

A　企業については、入国管理局は、安定性や継続性という観点から審査します。財務諸表等により継続的に利益が出る企業なのか、続けて事業展開が可能なのかなどが判断されます。さらに、その企業が、外国人を雇用する必要性があるのか、外国人にどのような仕事をしてもらうつもりなのかという雇用の必要性も審査の対象です。これらの要件をクリアしないと、採用予定の外国人の在留資格は取得できません。

　よく、思ったように日本人が採用できないので、外国人を採用したいという単純な理由で申請し、不許可になるのはこのためです。採用するのが、外国人でなければ困るという明確な必要性の明示がポイントです。

実例編 Q5

中国人観光客が多い店で、中国人の通訳を雇うことはできますか?

A 中国人の方が、通訳としてお店で働く場合でも、その業務がメインになっているのであれば、『人文知識・国際業務』の在留資格の該当性があるということになります。中国人観光客が多い店では、実際に通訳として働く中国人も多く、その人たちのおかげで、売り上げを伸ばしている店も多いのが実情です。中国語が堪能な日本人は少ないので、通訳として中国人社員を雇う正当性があれば、在留資格の取得が可能になるという理解で大丈夫です。ただし、入国管理局から許可を得るためには、最低でも申請人が、大学卒業以上の学歴があり、日本語認定の認定証など日本語が堪能であることを証明することが重要です。また、働く場所が、なぜ、中国人観光客が多く、どのような性格を持つ店舗かについての証明が必要です。

実例編 Q6

個人事業主でも外国人を雇用することはできますか?

A 日本の入管法上、個人でも外国人と契約を結び、雇用することにより、その外国人に在留資格が与えられることがあります。基本

的には、個人事業主としての届けが必要で、安定的、継続的に事業を展開できる証明資料を求められます。確定申告書等により、雇用する個人事業主が十分な資力があることを示していく必要があります。

最近の事例では、不動産鑑定士が、中国人で大学院（建築専攻）卒Aと業務委託契約を結び、通訳とマーケティング業務の内容で『人材知識・国際業務』（1年）をAが取得したケースがあります。

実例編 Q7

外国人社員が勤務外でアルバイトしたいと相談してきました

A 　現在のような不況下では、本業の収入だけでは食べていけないケースが増えています。しかし、資格外活動が無制限に認められるわけではありません。例えば、技術の在留資格を持っている方は、技術に関連することや、『人文知識・国際業務』の在留資格の場合には人文知識・国際業務に関する仕事であれば、アルバイトが認められるのが原則です。

具体的には、家庭教師、広報、通訳、コピーライターの仕事などであれば、資格外活動として入国管理局は認める可能性が高いようです。

逆に、コンビニエンスストアのレジなどの仕事は、解雇されたなどの特別な事情がある場合を除き、社会人として働く外国人に対しては、認めないというスタンスです。

入管法の知識がないために、友人の経営するバーやレストランでアルバイトをしてしまう外国人がいますが、この行為は入管法上違法です。

ただし、認められた在留資格の目的の活動の他に仕事をしたいというときは、入国管理局から資格外許可を受けることになります。申請のときには、

職種、勤務時間、期間、報酬などが記載された雇用契約書のコピーを入国管理局に提出する必要があります。許可された活動の内容は雇用主となる企業名を記載した「資格外活動許可書」に記載され在留カードに印字されます。

実例編 Q8

経済学部の4年生を雇いますが、いつから在留資格の変更ができる?

A 通常、就労の内定を受けとって、大学も卒業見込みを出してくれるのであれば、卒業前の12月の段階で、入国管理局は、『留学』から新しい在留資格への変更手続きを受け付けてくれます。

経済学部の卒業ということであれば、通常在留資格は、『人文知識・国際業務』になります。入管への手続きでは、業務との関連性を説明できるようにします。

在留資格変更に関する手続きは、単純な更新とは違い、時間がかかります。早めに変更申請をされることをお勧めします。採用する企業は財務諸表の写しや雇用契約書の写しなども提出する必要がありますので、早めの準備が必要です。最終的には、現物の卒業証明書を見せ、その写しを提出することにより、就労系の在留資格（このケースでは『人文知識・国際業務』）が与えられることになります。

なお、文系の学部出身者が『技術』の在留資格に変更を希望する場合は、法務省の上陸許可基準に定められる情報処理技術に関する試験(119P参照)に合格している、もしくは資格を取得している必要があります。

実例編　Q9

家族に会うために一時的に日本を離れたいという社員がいます

A　在留カード（Residence Card）の制度がスタートしてから、このカードを所有していれば再入国がスムーズにできます。通常の再入国制度は、これまでと同じく存続しますが、有効期限のある在留カードがあると、みなし再入国制度を活用し、出国してから1年以内であれば、そのカードをパスポートとともに提示するだけで、再入国をすることが可能になります。

ただし、在留カードを返却して出国すると取得した在留資格が消滅したことになりますので注意しなければなりません。

なお、再入国許可の申請については、1年以上日本に戻ってこない場合に必要となります。

ここで注意したいのは再入国許可が得られないケースがあることです。例えば、『留学』の在留資格で日本に来たのに、すでに退学になってしまったケースや日本人と結婚したことにより、『日本人の配偶者等』の在留資格を取得したけれどもすでに離婚してしまっているケースなどを隠して出国し、その後入国管理局がその事実を知ったときなどです。

これらの場合、その外国人の方が、もうすでに在留資格なし（在留カードの不正使用）と判断されますので、入国管理局は再入国を許可しません。

実例編　Q10

設立間もない中小企業ですが、外国人を招聘することができますか？

A　企業の信頼度によるカテゴリー制が導入され、企業が１から４までランク付けされることになりました。上場企業は、原則としてカテゴリー１になります。御社のような設立したばかりの企業で、まだ法定調書支払合計表を提出したことがない企業については、カテゴリー４となります。つまり、審査が最も厳しい企業のグループということになります。事業計画書の提出も必要となります。

　このカテゴリー４の場合、初めての申請では審査に３カ月から４カ月かかることもあり、すぐには許可が出ないケースが多いのが実情です。中小企業で、経営基盤が不安定な企業が、外国人を雇用しても１年も経たずに解雇してしまうのではないかという懸念から入国管理局の審査も慎重になります。許可が下りる場合でも、原則１年です。

　もちろん、外国人を雇用する必要性があり、経営者の職歴や資産などから業務内容がしっかりしており、給与の支払能力が十分にあると認められれば許可は出ます。ただし、学歴や職歴も審査されますので、採用する外国人の履歴を確認してから雇用契約を結ぶようにしてください。

　また、入国管理局の審査担当者は会社のホームページから企業情報を得ることが多いようなので、まだホームページを開設していないようなら、企業PRの観点から早めにアップすることをお勧めします。

実例編　Q11

腕の良いコックを海外から招聘したいのですが？

A　腕の良いコックの売り込みがあったようですね。たしかにレストランは料理人の腕しだいで経営が左右されますから、腕の良いベテランのコックは魅力です。ただし、「腕が良い」という自称が本当でも、日本に上陸するには、高いハードルがあります。

海外のコックを呼ぶときは、技能ビザの要件を満たすために、10年以上の実務経歴が必要です。この証明が、大変に難しく失敗する例が多くなっています。実在しないレストランで働いていたとか、ウエイターをしていたのにコックと経歴詐称しているとか、この分野における不許可事例はとても多いのが実情です。

最近は、外務省の現地スタッフが、レストランを調べたり、直接電話で問い合わせをしたりしますので、新規にコックを呼ぶのは、注意が必要です。予定していた人間が、不許可で呼べなくなると、レストラン経営そのものが頓挫することになりかねないからです。

本当にその道10年以上の大ベテランで、その国特有の料理を職人芸で調理できる人間で、職歴の証明が完全でないと、招聘は厳しいです。

実際、この10年の実務経歴を証明することができないために、在留資格認定証明書が不交付になるケースが多いのです。とくに在職証明書をかつて働いていたレストランのオーナーが好意的に書いてサインしてくれるようなケースは少ないのが実情です。かつて働いていたレストランがすでに倒産しているケースもありますので、証明書の入手は容易ではありません。

実例編 Q12

新しい入管法で5年の在留資格が新設されましたが、どのような人がもらえますか？

A 入国管理局の就労審査部門の行政相談の窓口の見解では、新制度の下で5年の在留期限を取得できるのは、安定した大企業に勤務している人たちに限られるそうです。カテゴリー制度が導入されていますが、カテゴリー1や2に属する企業のように給与水準が高く、納税義務を果たしている安定性・継続性の両面から見て問題ない企業に、該当するかしないかにより、5年の在留期限が得られるかどうかが決まります。

つまり、規模の小さい企業に就職した外国人は、最大3年までの在留期限しか出ません。カテゴリー4の企業は、原則1年です。なお、高度人材として認められた外国人については、中小企業勤務の場合でも、5年の在留資格が出ます。（147P参照）

実例編 Q13

企業が外国人を雇用して罪になるケースはありますか？

A 何も知らない企業担当者がうっかりと不法滞在の外国人を雇用してしまうことがあります。

就労を認められない在留資格で滞在している外国人や、在留期間を超え

て滞在している外国人などを雇用すると、企業も「不法就労助長罪」となります。不法就労を助長した者は、3年以下の懲役もしくは200万円以下の罰金に処せられるのでご注意下さい。罰金と懲役が併科されることもあります。この規定は、入管法73条の2が根拠条文です。

　元大関の琴光喜が不法滞在の中国人を雇用したとして逮捕されたのが、まさにこの事例です。例えば、『家族滞在』の在留資格の外国人を、資格外活動許可がないまま雇うのも不法就労となります。

実例編　Q14

外国人と週60時間働く契約を結んだら在留資格が更新できませんでした

A　日本では、外国人の方でも労働基準法が適用になります。基本的には、週40時間までしか働かせることができません。もちろん、残業等で、合計の労働時間が60時間になることもあるでしょう。インド料理店の長時間労働は分かりますが、日本の労働基準法に違反する労働契約では、就労在留資格の更新は認められないのです。

　割増賃金の規定を設けずに、ただ、週60時間働かせる契約をすると労働基準法違反になります。このような内容の契約書だと、在留資格更新も不許可になります。

　専門家に相談して、法的に問題のない契約書を作成し、入国管理局に再申請することをお勧めします。

実例編　Q15

日本人女性と4年前に結婚し、
『人文知識・国際業務』の在留資格のままでいます。
在留期限は、3年となっています。
永住権の申請はできますか?

A 通常、外国人の方が、日本人と結婚したようなケースでは、『日本人の配偶者等』という在留資格に変更するのが一般的です。ただし、会社の人事担当者が、在留資格の更新手続きを行っている関係で、在留資格を変更しないで更新し続けているケースもあります。

このような場合でも、日本人と結婚しており、日本国内に住み続けている期間が3年あれば、『日本人の配偶者』と同じとみなされ、永住権の申請ができます。就労系の在留資格では、高度人材を除き、10年経たないと永住権の申請が不可能と思っている方も多いのですが、日本人と結婚して3年以上経ち、生計維持に足りる内容の就労系の在留資格（3年以上の在留期限）を取得している場合は、すぐに永住権申請が認められます。

このケースにおいても、夫婦で十分に日本国内にて生計維持ができる状況にあるかどうかが審査のポイントとなります。夫婦合計で400万円以上の収入があれば、生計維持ラインを超えていると考えられます。

ただし、『日本人の配偶者等』の申請を経ていないうえでの永住権の申請ということになるので、外国人社員とお相手の日本人がどのように知り合い、結婚することになったのか経緯を文書化し、提出しなければなりません。説明文に関連するスナップ写真やe-mailの写しなど、2人の愛が真実であることを証明する資料も必要です。

Column

在留資格の運用のめやす（人文知識・国際業務の例）

在留期間	5年	次の①、②及び⑤のいずれにも該当し、かつ③または④のいずれにか該当するもの ①申請人が入管法上の届出義務（住居地の届出、住居地変更の届出、所属機関の変更の届出等）を履行しているもの（上陸時の在留期間決定の際には適用しない） ②学齢期（義務教育の期間をいう）の子を有する親にあっては、子が小学校または中学校（いわゆるインターナショナルスクール等も含む）に通学しているもの（上陸時の在留期間決定の際には適用しない） ③契約期間がカテゴリー1またはカテゴリー2に該当するもの ④③以外の場合は「人文知識・国際業務」の在留資格で3年以上の在留期間が決定されている者で、かつ、本邦において引き続き5年以上「人文知識・国際業務」の在留資格に該当する活動を行っているもの ⑤就労予定期間が3年を超えるもの
	3年	次のいずれかに該当するもの ①次のいずれかに該当するもの 　a．5年の在留期間の決定の項の①及び②のいずれにも該当し、かつ、③または④のいずれかに該当するもの 　b．就労予定期間が1年を超え3年以内であるもの ②5年の在留期間が決定されていた者で、在留期間更新の際に次のいずれにも該当するもの 　a．5年の在留期間の決定の項の①または②のいずれかに該当せず、かつ、③または④のいずれかに該当するもの 　b．就労予定期間が1年を超えるもの ③5年、1年または3カ月の項のいずれにも該当しないもの
	1年	次のいずれかに該当するもの ①契約機関がカテゴリー4に該当するもの ②3年の在留期間を決定されていた者で、在留期間更新の際に5年の在留期間の項の①または②のいずれかに該当しないもの ③職務上の地位、活動実績、所属機関の活動実績等から、在留状況を1年に1度確認する必要があるもの ④就労予定期間が1年以下であるもの
	3カ月	就労予定が3カ月以内のもの

出典：法務省入国管理局

第5章 外国人の労務管理のポイント

外国人の労務管理

外国人の労務管理と採用時の説明のポイント

　社会保険は、病気、失業、死亡などの事故が発生したとき、被保険者や被扶養者に対して医療保障や所得保障にかかる保険給付を行うものです。保険給付を行うために必要となる費用については、会社と被保険者から保険料として徴収することになります。これは、外国人の場合であっても変わることはありません。

　外国人を1人でも雇用した場合は、原則として社会保険と労働保険に強制的に加入することになります。会社が、実際に加入手続きを行うのは、労働保険では、雇用保険と労働者災害補償保険です。社会保険では、健康保険と厚生年金保険です。それぞれの社会保障の意味を外国人社員にわかってもらう必要があります。とくに、年金については、保険料を支払うことを嫌う外国人が多いので、法律で決まっていることを説明するようにします。脱退一時金の制度や社会保障協定について案内しておくことがポイントです。(P189参照)

　以降は外国人を使用する際に大切な労務管理のポイントを挙げます。

ポイント1　均等な待遇の必要性

　外国人社員を雇用したときに、労務管理の基本原則は、日本人社員と均等に扱いをするということです。労働基準法の第3条に規定があるように、使用する企業は、外国人労働者の国籍、信条または社会的身分を理由として、賃金、労働時間その他の労働条件について差別することは、禁止されています。もし、企業がこの内容に触れる違反をした場合には、6カ月以下の懲

役または30万円以下の罰金という刑罰を受けることになります。

　とくに、就業規則を外国人向けに分かりやすい方法で説明をすることが重要です。例えば、日本語を読むことができない外国人には、パソコンの自動翻訳機能等を使い、概要を理解してもらうことが重要です。これにより、外国人社員も日本の企業のルールを分かるようになります。（事務手続き一覧は195P～参照）

ポイント2　外国人労働者名簿の作成

　外国人労働者を雇用した場合、本人のパスポートの記載事項や在留カードの記載事項をもとに労働者名簿を作成することが重要です。労働基準法では、各事業所ごとに労働者名簿の作成義務がありますが、外国人社員を雇用する場合は、より多くの情報を管理しておく必要があります。入国管理局向けの在留資格更新申請にも必要となるので、外国人社員のデータは、的確に管理することが求められます。とくに、人事異動等で担当者が変わり、外国人の労務管理、在留の情報管理に混乱が起きないようにするのがポイントです。

①国籍
②出身地および家族の連絡先
③パスポートの番号、有効期限
④在留カードの番号、有効期限、在留資格
⑤日本国内の住所、電話番号
⑥外国人社員の母国語、日本語の能力
⑦宗教および食べられないもの等のリスト
⑧家族の状況と構成、在留資格、もしくは本国における所在地
⑨外国人社員の持つ資格、技能
⑩外国人社員の顔写真
⑪外国人社員の健康状態を証明する資料
⑫外国人社員の年金にかかる関連資料

ポイント3　外国人とは文書で雇用契約を結ぶ

　外国人と文書で雇用契約を結ばなくてはいけないことは雇用対策法に明記されているので必ず守る必要があります。

　外国人と雇用契約を結ぶにあたっては以下の5点を明示する必要があります。有期契約の場合は、高度人材を除き、3年以内の契約となります。

　雇用契約は文書で保存する必要があります。在留資格更新の際にはそのコピーを入国管理局に提出しますが、入国管理局は、労働基準法第15条1項および同法施行規則第5条に基づき労働者に交付される労働条件を明示する文書を求めてきます。この契約書の内容に不備がある場合、労働基準法の定めに達していないと判断されると在留資格の取得は厳しくなります。

①労働契約の期間
②就業の場所、従事すべき業務
③始業、就業の時刻、所定労働時間を超える労働の有無、休憩時間、休日、休暇
④賃金、賃金の計算及び支払い方法、賃金の締切日、支払いの時期、昇給に関する事項
⑤退職に関する事項

ポイント4　賃金に関する説明

　外国人社員を雇用した後に、説明不足のためにトラブルとなるのは、社会保険料や労働保険料の控除についてです。契約上、日本人と同じに扱う必要があるわけですから、当然、これらの保険料も控除されるのが筋なのですが、外国人の口からは、契約の金額よりも手取りが低い、このような保険は契約した覚えがないので、払いたくないというクレームをよく聞きます。企業の労務担当者は、これらの保険料が、法律で決められ、会社側に加え、従業員側にも負担が生じるものであるという知識を入社時の研修等で、教えていくことが重要です。

もし、企業内で賃金控除に関する労使協定書が結ばれている場合、その内容を、外国人社員が理解できるように説明しなければなりません。

とくに重要なのは、日本人社員と同様に「**通貨払いの原則**」、「**直接払いの原則**」、「**全額払いの原則**」、「**毎月1回以上払いの原則**」、「**一定期日払いの原則**」の5原則を守ることです。

ポイント5　外国人社員の非常時払いの対応

外国人社員の場合には、単身赴任の形で、日本で働いているケースもあります。そのため、外国人社員の収入により生計を維持している家族の出産、疾病、災害、結婚、死亡などの事由で、帰郷の費用が必要になったため請求があった場合には、賃金の支払い期日の前でも、すでに働いた分の賃金について支払う義務があります。労働基準法25条の規定はそのまま外国人の賃金の非常時払いにも該当します。

ポイント6　休日に関する説明

6カ月継続して勤務した場合、外国人社員が全労働日の8割以上の割合で勤務した実態がある場合、その後1年間に10労働日の有給休暇を与えなければならないのは、日本人社員と同様です。契約の更新により、継続して6ヵ月を超えた場合にも、この条件は該当しますので注意が必要です。

外国人を委任契約や業務請負のような契約形態で雇っている場合でも、実際には、使用者との間に指揮命令関係が認められ、仕事が外国人の裁量で決められない場合は、法的には労働契約を評価されます。

クリスマス休暇や、旧正月など、文化の違いから日本人社員と違う時期に休みを希望する場合もありますので、会社としてどこまで柔軟にそのリクエストに応えられるのかを説明しておくことも重要です。

ポイント7　法定労働時間、法定休憩時間に関する説明

外国人を雇用する際に、労働契約の中で、法定労働時間の1日あたり、8

時間、1週間当たり40時間というラインを厳守しなくてはなりません。ところが、日本の企業には、サービス残業的な要素の労働時間が多く存在するために外国人とトラブルが起きることがあります。フレックスタイムを採用している場合なども、コアタイムを含め、制度を説明しておかないと不信感を招くことになります。

　外国人社員の場合は、権利と義務に敏感なケースが非常に多いので、給与と直結する労働時間の管理に関しては、労務管理上トラブルを避けるような配慮が必要です。

ポイント8　税金にかかる説明

　通常、企業で採用する外国人は、1年以上の雇用が予定されるケースが多いので、所得税法上居住者となります。在留カードを所持して、企業で勤務をしているのであれば、居住者と判定されます。外国人社員で居住者に該当する場合は、日本人社員と同じくすべての給与から源泉徴収することが必要になります。

　一方、日本に年間183日未満しか滞在しないで、大半が本国にいるような場合は、非居住者として扱われます。この非居住者として扱われる外国人労働者の場合は、日本において勤務したことによる給与が、国内源泉所得に該当し、企業側は支払いの時に20％強の税率により源泉徴収することになります。

　また、日本国内に住所があり、1年以上の在留が予定されているものは、前年の所得に対して、その翌年、道府県税、市町村民税（または都民税および特別区民税）が課税されることになります。

　外国人は、入社前に契約した額から20％強も受取り額が減ってしまうことに困惑します。日本の場合、税金（所得税と住民税）、社会保険料（雇用保険、健康保険、厚生年金保険）の合計で引かれてしまうので、かなりの負担になります。この点、外国人であっても負担義務が生じてしまい、免れることができないことを伝える必要があるでしょう。

入国管理局の審査においては、とくに住民税の納税証明が、前年1年間の所得証明となる重要な証明書類の位置づけですから、必ず支払う必要があるものであることを外国人社員に理解してもらうことが重要です。

ポイント9　在留カードの更新

　外国人が、企業で働いている中で、労務管理上忘れてはいけないのは、在留カードの更新です。在留カードには、有効期限があり、その満了日の3カ月前から更新を行うことが可能です。

　企業の人事担当者は、必ず、雇用した外国人の在留カードの期限を把握し、適切な時期に在留カードの切り替えを行う手助けをしなくてはなりません。更新にあたっては、カテゴリーにより提出資料は異なりますが、会社側の証明資料も提出を求められますので、雇用契約書や財務諸表の写しなど、更新に必要な資料を用意するとともに、外国人の納税証明書の取得等も手伝っていくことが重要です。提出書類の中で重要なのは、カテゴリーを証明するために使用される前年分の給与所得の源泉徴収票等の法定調書合計表の写しです。原則として、この写しがないと更新申請手続きはできません。

　とくに、複数の外国人を雇っている企業の場合は、更新のタイミングを確実に把握していないと、在留期限を忘れてオーバーステイの状態になってしまう危険性があるので注意が必要です。

ポイント10　外国人にも労災保険が適用される

　労災保険は、その性格上、会社に雇用されるすべての労働者を対象としています。当然、外国人労働者も労災の対象になります。パートタイムで働く外国人労働者も労災の対象となります。労災保険の保険料は、会社の全額負担であり、社員には負担がありません。この点も外国人を雇用する際には説明を要するポイントです。外国人の場合は、言葉の問題もあり、労災に係る事故を起こしやすいので、労働者を保護するためにこのような制度があるということを教えるようにしてあげてください。

> 外国人の労務管理

外国人でも保険料を負担しなければならない公的保険があることを教える

●外国人労働者でも保険料の本人負担が発生する公的保険が4つある

　労災保険の場合は、本人負担はありませんが、会社負担だけではなく、本人も保険料を負担しなければならない保険が4つあることを外国人社員に教えることが必要です。

　正直、日本の公的保険の保険料の本人負担に対して拒絶反応を示す外国人も多いのが実情です。しかし、日本の企業で働くからには、労働保険の「**雇用保険**」、社会保険の「**健康保険**」、「**介護保険**」、「**厚生年金保険**」の合計4つの保険について、外国人労働者であっても本人に保険料の負担が発生します。ただし、介護保険料は、40歳以上の外国人社員の場合だけです。

　日本人の入社時と同様に、雇用保険の被保険者資格取得の届出、健康保険、厚生年金の取得の手続き、健康保険被保険者証の交付の手続きをしなければなりません。ただし、外国人の在留資格が『企業内転勤』の場合は、雇用保険については適用されません。

　一般に、業績悪化など企業の都合で外国人社員を解雇した場合などは、外国人であっても、失業等給付をもらうことができます。日本で、働き続けたいという意思と能力があれば、在留資格の期限内、就職活動を続けることができます。また、失業等給付を受給している期間が続いているのであれば、在留期限が来たときに、『短期滞在』への在留資格変更が認められ、求職活動を日本で続けることを許される場合があります。

●社会保障協定と脱退一時金

　外国人にも、人事担当者にも理解が難しいのは、社会保障協定です。日本は、ドイツ、イギリス、ハンガリーなど現在まで15の国と社会保障協定を結んでいます。その数は、少しずつ増えています。この制度の場合、日本での年金加入期間が外国人本国の年金加入期間と合計されることになります。ただし、この協定は、国によって内容が異なるので、日本年金機構（年金事務所）での確認を行ってから手続きをするようにしてください。

　また、社会保障協定を結んでいない国から来た外国人のためには、脱退一時金という制度もあります。この制度は、日本の企業において6カ月以上働き、厚生年金保険料を払っていた場合に対象となります。外国人が日本出国後、2年以内に日本年金機構に請求をすることにより、日本で働いた期間で、給与や賞与から天引きされた厚生年金保険料が、3年分を上限として払い戻しされる制度です。外国人の間では、年金リファンドというような呼び名を使っている人もいます。実際、アジアの国との社会保障協定の締結に関しては、これから本格化しますので、当面は、脱退一時金を利用するケースも多く存在することになります。残念ながら上限が3年ということで、拒絶反応を示す外国人も多く、説明しても納得してもらえないこともあるかもしれません。ただし、この制度の利用は、1回に限定されていないので、3年働き、脱退一時金を請求し、その後、日本に再来日し、また3年働いて脱退一時金を再度請求するということは可能です。

　脱退一時金請求書に添付しなければならないのは、次の3点です。

①**パスポートの写し**
②**請求者本人の銀行口座名義を確認できる書類**
③**年金手帳**

　なお、パスポートの写しには日本を出国した年月日、氏名、生年月日、国籍、署名が確認できるページを含むものとします。これに加え、在留カードの写し（あるいは以前の在留資格を証明する資料）を求められます。

●15の国と結ばれている社会保障協定

　協定の対象となる社会保障制度は次の表のように協定相手国により異なります。脱退一時金を受け取ると、社会保障協定を結んでいる場合でも、その期間を通算することができなくなるので注意しましょう。対象となっていない制度については、二重加入となり、それぞれ加入手続きが必要です。

「日本年金機構ホームページ（2014年5月1日現在）」より。

相手国	協定発効年月	期間通算	二重防止の対象となる社会保障制度	
			日本	相手国
ドイツ	平成12年2月	○	・公的年金制度	・公的年金制度
イギリス	平成13年2月	―		
韓国	平成17年4月	―		
アメリカ	平成17年10月	○	・公的年金制度 ・公的医療保険制度	・社会保障制度 　（公的年金制度） ・公的医療保険制度 　（メディケア）
ベルギー	平成19年1月	○		・公的年金制度 ・公的医療保険制度 ・公的労災保険制度 ・公的雇用保険制度
フランス	平成19年6月	○		・公的医療保険制度 ・公的労災保険制度 ・公的雇用保険制度
カナダ	平成20年3月	○	・公的年金制度	・公的年金制度 ※ケベック州年金制度を除く
オーストラリア	平成21年1月	○		・退職年金保障制度
オランダ	平成21年3月	○	・公的年金制度 ・公的医療保険制度	・公的年金制度 ・公的医療保険制度 ・雇用保険制度
チェコ	平成21年6月	○		
スペイン アイルランド	平成22年12月	○	・公的年金制度	・公的年金制度
ブラジル	平成24年3月	○	・公的年金制度	・公的年金制度
スイス	平成24年3月	○	・公的年金制度 ・公的医療保険制度	・公的年金制度 ・公的医療保険制度 ・雇用保険制度
ハンガリー	平成26年1月	○		
イタリア	準備中	―	・公的年金制度 ・雇用保険制度	・公的年金制度 ・雇用保険制度

　（注）協定発効年月が「準備中」となっているものについては、発効時期が決まっておらず、具体的な手続きを相手国と調整中のものです。

外国人の労務管理

外国人も必ず行わなくてはいけない「住民登録」

●外国人であっても3カ月以上在留する場合は住民登録が必要

　日本に3カ月を超えて在留する外国人については、住民登録をすることが義務付けられています。2012年7月以降、在留カードが登場したため、外国人登録証明書は発行されていませんが、すべてが切り替え終わるまで約3年かかるので、2015年7月9日以降はすべて在留カードになる予定です。

　在留カードになっても外国人の住民登録は従来どおり、居住地の市区町村で行います。住民登録が済むと、在留カードには住民登録の情報も記載されます。外国人にも『住民票』が発行されます。企業の担当者も記載内容の確認をしておく必要があります。『在留カード』を所有している外国人は、常時携帯しなければなりません。

　『在留カード』は、入国管理局が情報の一元管理をするので、市区町村は役割が変わります。ただし、住所変更の手続きについては、住民基本台帳法の定めで市区町村経由となり、専用のオンラインで入国管理と情報のキャッチボールが行われます。(58・59P参照)

●外国人の住所地への届出について

　3カ月を超えて在留する外国人の住所地の届出手続きは、次の3つに分類されます。なお、いずれの手続きにおいても、届出は地方入国管理官署ではなく、住居地の市区町村で行います。

①新規上陸後の住居地の届出手続き

　出入国港で新規の上陸許可に伴い交付された在留カード、または「在留カードを後日交付する」旨の記載がなされた旅券（以下「在留カード等」といいます。）を所持する中長期在留者は、住居地を定めた日から14日以内に、在留カード等を持参の上、住居地の市区町村の窓口でその住居地を法務大臣に届け出なければなりません。

　なお、在留カード等を提出して住民基本台帳制度における転入届をしたときは、転入届が住居地の届出とみなされます。

②在留資格変更等に伴う住居地の届出手続き

　これまで中長期在留者ではなかった外国人で、在留資格変更、在留期間更新、在留資格取得等の在留資格に係る許可を受けて、新たに中長期在留者となった者は、住居地を定めた日（既に住居地を定めている者は、当該許可の日）から14日以内に、在留カードを持参の上、住居地の市区町村の窓口でその住居地を法務大臣に届け出なければなりません。

　なお、在留カードを提出して住民基本台帳制度における転入届をしたときは、転入届が住居地の届出とみなされます。

③住居地変更の届出手続き

　住居地の変更をした中長期在留者は、変更後の住居地に移転した日から14日以内に、在留カード等を持参の上、変更後の住居地の市区町村の窓口でその住居地を法務大臣に届け出なければなりません。

　なお、在留カード等を提出して住民基本台帳制度における転入届または転居届をしたときは、これらの届出が住居地の届出とみなされます。

●外国人住民に係る住民票を作成する対象者について

　基本的な考え方としては、観光などの短期滞在者等を除いた、適法に3カ月を超えて在留する外国人であって住所を有する者について住民票を作成することとしており、次の4つに区分されます。

①中長期在留者（在留カード交付対象者）

わが国に在留資格をもって在留する外国人で、3月以下の在留期間が決定された者や短期滞在・外交・公用の在留資格が決定された者等以外の者。

② **特別永住者**

入管特例法により定められている特別永住者。

③ **一時庇護許可者または仮滞在許可者**

入管法の規定により、船舶等に乗っている外国人が難民の可能性がある場合などの要件を満たすときに一時庇護のための上陸の許可を受けた者（一時庇護許可者）や、不法滞在者が難民認定申請を行い、一定の要件を満たすときに仮に我が国に滞在することを許可された者（仮滞在許可者）。

④ **出生による経過滞在者または国籍喪失による経過滞在者**

出生または日本国籍の喪失により我が国に在留することとなった外国人。入管法の規定により、当該事由が生じた日から60日を限り、在留資格を有することなく在留することができます。

●脱退一時金の手続き

脱退一時金は、①～④の条件すべてに該当する外国人が、日本を出国後2年以内に請求したとき支給されます。

①日本国籍を有していないこと

②国民年金第1号被保険者としての保険料納付済期間の月数と保険料4分の1免除期間の月数の4分の3に相当する月数、保険料半額免除期間の月数の2分の1に相当する月数、及び保険料4分の3免除期間の月数4分の1に相当する月数とを合算した月数、または厚生年金保険の被保険者期間の月数が6月以上であること

③日本に住所を有していないこと

④年金（障害手当金を含む）を受ける権利を有したことがないこと

請求先は日本年金機構本部で、本人または代理人が脱退一時金請求書を提出します。電子申請か郵送の方法が選べ、本人が就労以外の目的（短期滞在等）で再来日したときは、窓口でも受け付けが可能です。

Column

外国人の退職の手続きについて

　外国人が、退職した場合の手続きはどうなるでしょうか？　自己都合退職という形でやめていく場合でも、会社は、一定の手続きをしなければなりません。入国管理局への届けも必要になります。ただし、現在では、入国管理局への届けは、雇用対策法で定められているハローワークへの届で代用することができます。ハローワークのコンピューターネットワークと入国管理局のコンピューターネットワークがつながっているので、情報の共有化がされているからです。

　外国人が転職をする際に退職証明書が必要になることもあります。退職証明書は、外国人社員から求められた場合、労働基準法上定められているとおりに、発行する必要があります。

　外国人労働者の意思に反する形で、会社都合で一方的に労働者との雇用契約を解約する解雇の場合は、注意が必要です。例えば、3年間の契約で、IT技術者として外国人を雇用したけれども、2年後に業績の悪化により、解雇したケースなどが該当します。

　会社都合で一方的に解雇された場合、外国人も在留期限内は、日本において就職活動を行う権利があるので、その手助けをすることが求められます。このような事例では、ハローワークで、外国人も失業者として給付を受けることができます。その手続きについて案内することまでしなければ、外国人社員への責務を果たしたことにはなりません。

　リーマンショックの後に、一部の外資系金融機関が、多くの外国人社員を解雇して、その後その人間と、個人事業主として請負契約を結び、解雇する前に担当させていた業務を以前より4割も安い報酬で行わせるといった労働基準法違反とされるような事例もありました。

　このような、事例を踏襲するようなことは、避けなければなりません。外国人のための相談センター等の所在地も案内し、何らかの形でサポートをしていくことが重要です。

●外国人社員への適用に関する主な事務手続き一覧

※ 健…健康保険のみに関する手続き　厚…厚生年金保険のみに関する手続き

	事例	届書・申請書の名称	提出期間	提出者
被保険者	従業員を採用したとき	被保険者資格取得届	5日以内	事業主
	事業所が適用事業所になったとき	被保険者資格取得届	5日以内	事業主
	被保険者が退職または死亡したとき	被保険者資格喪失届	5日以内	事業主
	被保険者（被扶養配偶者）の住所に変更があったとき	被保険者住所変更届（被扶養配偶者についての第3号被保険者住所変更届と複写式）※健保組合の場合は所属の組合にご確認ください。	ただちに	事業主
	被保険者の氏名に変更や誤りがあったとき	被保険者氏名変更（訂正）届	ただちに	事業主
	被保険者の生年月日に誤りがあったとき	被保険者生年月日訂正届	そのつど	事業主
	被保険者が2カ所以上の事業所に使用されるようになったとき	被保険者所属選択・二以上事業所勤務届	10日以内	被保険者
	被保険者が育児休業または育児休業の制度に準ずる休業を取得したとき、またはその終了予定日を延長するとき	育児休業等取得者申出書（新規・延長）	ただちに	事業主
	被保険者が育児休業または育児休業の制度に準ずる休業を終了予定日より前に終了するとき	育児休業等取得者終了届	ただちに	事業主
	被保険者が75歳になったとき	健 被保険者資格喪失届	5日以内	事業主
	被保険者が刑事施設に収容された（出所した）とき	健 健康保険法第118条第1項該当（非該当）届	5日以内	事業主
	事業所を退職してからも引き続き健康保険の被保険者となっていたいとき	健 健康保険任意継続被保険者資格取得申請書	20日以内	被保険者
	厚生年金保険被保険者の種別に変更があったとき	厚 厚生年金保険被保険者種別変更届	5日以内	事業主

	事例	届書・申請書の名称	提出期間	提出者
被保険者	被保険者が70歳になったとき	厚 厚生年金保険被保険者資格喪失届	5日以内	事業主
	老齢給付の資格期間を満たすまで、70歳以降も厚生年金保険に加入したいとき	厚 厚生年金保険高齢任意加入被保険者資格取得申出・申請書	そのつど	被保険者
	厚生年金保険の任意単独被保険者となりたいとき	厚 厚生年金保険任意単独被保険者資格取得申請書	そのつど	被保険者

※平成19年4月から、70歳以上の被用者にも65歳以上の在職老齢厚生年金が支給されることになったことに伴い、70歳以上の被用者の雇用、退職および報酬額に関する届出が必要となっています。

	事例	届書・申請書の名称	提出期間	提出者
被扶養者	採用した従業員に被扶養者がいるとき、被扶養者に異動があったとき	健 被扶養者（異動）届	5日以内	被保険者（事業主経由）
	被扶養者が被保険者から遠く離れて住むとき（保険証が世帯単位に交付されている場合）	健 遠隔地被保険者証交付申請書	そのつど	被保険者（事業主経由）
事業主	事業主がほかの人にかわったとき、事業主の氏名または住所、電話番号、事業の種類に変更があったとき、事業主が行う事務について、代理人を選任したり、解任したとき	事業所関係変更（訂正）届	5日以内	事業主
	事業所の名称または所在地に変更があったとき	適用事業所所在地・名称変更（訂正）届	5日以内	事業主
加入・脱退	強制適用の事業所になったとき	新規適用届	5日以内	事業主
	事業所が休業または解散したとき	適用事業所全喪届	5日以内	事業主
	強制適用以外の事業所が任意適用を受けたいとき	任意適用申請書	そのつど	事業主
	任意適用事業所が脱退するとき	任意適用取消申請書	そのつど	事業主
報酬	7月1日現在の被保険者の報酬を届け出るとき（定時決定）	被保険者報酬月額算定基礎届 被保険者報酬月額算定基礎届総括表	毎年7月1日～10日まで	事業主
	固定的賃金の変動によって報酬に著しい変動があったとき（随時改定）	被保険者報酬月額変更届	ただちに	事業主

第5章 外国人の労務管理のポイント

	事例	届書・申請書の名称	提出期間	提出者
報酬	育児休業等を終了した被保険者の報酬が下がり標準報酬月額を改定するとき(育児休業等終了時改定)	育児休業等終了時報酬月額変更届	ただちに	被保険者(事業主経由)
報酬	被保険者が3歳未満の子を養育しながら働いているとき	厚 厚生年金保険 養育期間標準報酬月額特例申出書	子の養育を開始したとき	被保険者(事業主経由)
賞与	賞与等を支払ったとき	被保険者賞与支払届 被保険者賞与支払届総括表	5日以内	事業主
賞与	同一年度内で転職・転勤等により被保険者資格取得・喪失があった人の標準賞与累計額(保険者ごと)が540万円を超えたとき	健 健康保険標準賞与額累計申出書	そのつど	被保険者(事業主経由)
被保険者証・年金手帳	被保険者証をなくしたとき、き損したとき、余白がなくなったとき	健 健康保険被保険者証再交付申請書	ただちに	被保険者(事業主経由)
被保険者証・年金手帳	高齢受給者証をなくしたとき、き損したとき	健 高齢受給者証再交付申請書	ただちに	被保険者(事業主経由)
被保険者証・年金手帳	年金手帳をなくしたとき、き損したとき	厚 年金手帳再交付申請書	ただちに	被保険者(事業主経由)
被保険者証・年金手帳	年金手帳を2冊以上持っているとき(基礎年金番号を複数持っているとき)	厚 基礎年金番号重複取消届	ただちに	被保険者(事業主経由)
国民年金	被扶養配偶者が第3号被保険者に該当したとき、第3号被保険者が死亡、氏名変更等のとき	第3号被保険者 資格取得・種別変更・種別確認(3号該当)・資格喪失・死亡 氏名・生年月日・種別変更(訂正)届	14日以内	第3号被保険者(事業主経由)
介護保険	被保険者または被扶養者が介護保険第2号被保険者の適用除外に該当した(該当しなくなった)とき	介護保険適用除外等該当・非該当届	ただちに	被保険者(事業主経由)
後期高齢者医療	被保険者または被扶養者が後期高齢者医療制度の障害認定を受けたとき、またはこれに該当しなくなったとき、または認定を撤回したとき	健 被保険者の場合は、被保険者資格喪失届または被保険者資格取得届	5日以内	事業主
後期高齢者医療	被保険者または被扶養者が後期高齢者医療制度の障害認定を受けたとき、またはこれに該当しなくなったとき、または認定を撤回したとき	健 被扶養者の場合は、被扶養者(異動)届	5日以内	被保険者(事業主経由)

おわりに

　現在、日本では、200万人以上の外国人が、在留カードを所持して生活しています。今後、日本で少子高齢化が進行すればするほど、外国人の数が増えていくことは、ほぼ間違いないでしょう。まだ、日本における外国人の就労数は労働力人口の1％にしかすぎません。今後、人材受け入れの国際化が始まり、第3の開国といわれる移民政策についても議論されるようになると思います。

　スポーツの世界でも、TVタレントの世界でも、外国人の活躍は目覚しいものがありますし、国際結婚により生まれた子供が、日本を代表するスターとて国際的な舞台で活躍している時代です。

　今後、今世紀末までに1000万人以上の移民を受け入れるべきと主張する学者もいます。人口の減少により、高齢者ばかりで活力に乏しい国となっては、日本の未来は拓けて来ないでしょう。日本の社会保障制度の崩壊を防ぐ意味でも、若年層の人口をある程度維持しなくては、制度そのものが機能しなくなることは間違いありません。

　時代の流れで日本企業の多くも、今後国際的な競争力をいかに高めていくかが大きな課題です。人事戦略の中で、新しい市場開拓のためにいかに外国人社員を活用するかが、成長の鍵を握るようになってきました。

　企業が、外国人を雇用するにあたり、実務上どのような点に注意すればいいのかポイントを絞り、本書では解説してきました。必ずしも自社のケースに当てはまるかどうか、理解できなかった部分もあるかもしれません。説明不足の部分については、個別に対応させていただきます。

読者のために、質問には電子メールでお答えしておりますので、外国人雇用に関する在留資格取得に関することや労務管理についてお気軽にご相談ください。

　メールは、info@satomasami.comまでお願いします。

　行政書士の業務の一つとして入国管理局への申請取次ぎ制度があります。申請取次ぎ制度では、企業の担当者や採用予定の外国人が入国管理局に行かないで手続きを進めることができます。当事務所では、東京都とその周辺地域の企業が外国人社員を採用予定の場合、入国管理局への就労系の在留資格取得の申請に関連した実務についても対応しています。

　また、有料にはなりますが、直接お会いしての外国人の在留資格申請に関連したコンサルテーションも行っています。品川駅から徒歩4分ほどの場所に部屋を確保しておりますので、メールで予約の上ご利用ください。

行政書士　佐藤正巳

行政書士　佐藤正巳 Masami Sato
　成城大学経済学部経営学科を1985年に卒業し、その後大手精密機器メーカーの営業を経験。アメリカに2年3カ月間留学しニューヨーク市立大学院で経営学を学ぶ。帰国後、税務関連・健康関連の出版社で編集・企画など幅広い業務を担当。経営企画室長を経た後、健康用品販売の会社を設立する。現在、複数の企業の役員を務める。2007年度の行政書士試験に合格し、2008年4月東京都千代田区内神田に行政書士事務所を開設。
　現在、国際業務を中心に行政書士業務を行っています。

●**事務所の所在地**　行政書士　佐藤正巳事務所　登録番号 08080576
　〒101-0047　東京都千代田区内神田1-5-6
　エステムプラザ丸の内ノースライズ701号室
　Tel 03-5913-9750　Fax 03-5913-9751
　事務所のホームページ　http://www.satomasami.com
　企業向けのビザガイド　http://www.zairyusikaku.jp/
●**コンサルティングルームの所在地**
　〒108-0075　東京都港区港南2-4-11-1103

■著者
佐藤正巳(さとう　まさみ)
行政書士　佐藤正巳事務所(登録番号08080576)
1985年成城大学経済学部経営学科卒。ニューヨーク市立大学院で経営学を学ぶ。2007年度に行政書士の資格を取得し、2008年4月「佐藤正巳事務所」を開設。外国人雇用に関するエキスパートとして各企業のコンサルティング業務を行っている。

監修協力／久保田祐佳(弁護士・キーストーン法律事務所)

編集協力／耕事務所
カバーデザイン／クリエィティブ・コンセプト
本文デザイン／石川妙子
イラスト／小林裕美子

企業のための 外国人雇用実務ガイド

平成26年6月20日　第1刷発行

著　　者	佐藤正巳
発 行 者	東島俊一
発 行 所	**株式会社 法 研**
	東京都中央区銀座1-10-1 (〒104-8104)
	販売03(3562)7671／編集03(3562)7674
	http://www.sociohealth.co.jp
印刷・製本	研友社印刷株式会社　　　　　　　　0102

SOCIO HEALTH

小社は㈱法研を核に「SOCIO HEALTH GROUP」を構成し、相互のネットワークにより、"社会保障及び健康に関する情報の社会的価値創造"を事業領域としています。その一環としての小社の出版事業にご注目ください。

©Masami Sato 2014 printed in Japan
ISBN 978-4-86513-004-1　　　定価はカバーに表示してあります。
乱丁本・落丁本は小社出版事業課あてにお送りください。
送料小社負担にてお取り替えいたします。

JCOPY 〈(社)出版者著作権管理機構　委託出版物〉
本書の無断複写は著作権法上での例外を除き禁じられています。複写される場合は、そのつど事前に、(社)出版者著作権管理機構(電話 03-3513-6969、FAX 03-3513-6979、e-mail：info@jcopy.or.jp)の許諾を得てください。